Syniad Da
Y bobl, y busnes – a byw breuddwyd

Y GWALCH, YR INC A'R BOCSYS
Gwasg Carreg Gwalch 1980-2010

Argraffiad cyntaf: 2010

© Myrddin ap Dafydd/Gwasg Carreg Gwalch

Cedwir pob hawl.
Ni chaniateir atgynhyrchu unrhyw ran o'r cyhoeddiad hwn na'i gadw mewn cyfundrefn adferadwy, na'i drosglwyddo mewn unrhyw ddull na thrwy unrhyw gyfrwng electronig, electrostatig, tâp magnetig, mecanyddol, ffotocopïo, recordio, nac fel arall, heb ganiatâd ymlaen llaw gan y cyhoeddwyr, Gwasg Carreg Gwalch, 12 Iard yr Orsaf, Llanrwst, Dyffryn Conwy, Cymru LL26 0EH.

Rhif rhyngwladol: 978-1-84527-287-6

Mae'r cyhoeddwr yn cydnabod cefnogaeth ariannol
Cyngor Llyfrau Cymru

Llun clawr: Llinos Griffith
Cynllun clawr: Sion Ilar

Cyhoeddwyd gan Wasg Carreg Gwalch,
12 Iard yr Orsaf, Llanrwst, Conwy, LL26 0EH.
Ffôn: 01492 642031 Ffacs: 01492 641502
e-bost: llyfrau@carreg-gwalch.com
lle ar y we: www.carreg-gwalch.com

Y Gwalch, yr Inc a'r Bocsys

Myrddin ap Dafydd

GWASG CARREG GWALCH
1980-2010

Lleucu ar ben llwyth dodrefn y stondin, yn barod i adael am Lambed

Cynwal yn gwerthu yn Steddfod y Bala

Llywarch ar y stondin yn Nhyddewi

Y busnes teuluol yma

Pan oedd Cynwal, y mab ieuengaf, yn bump oed, dim ond un gair pum sillaf roedd o'n ei wybod. '*Cyfansoddiadau!*' oedd hwnnw – Steddfod Caerdydd oedd hi ac ar ôl swnian am wythnos, mi gafodd ganiatâd i ymuno gyda'r tîm o blant a phobl ifanc oedd yn rhoi help llaw ar y stondin ac ar y Maes ar yr awr brysur honno. Ei gyfraniad yntau oedd cario pecyn a bloeddio'r pum sillaf nerth esgyrn ei ben, gyda'i bartner yn derbyn y pres. Ciwt ffactor neu beidio, mi werthwyd pob copi y diwrnod hwnnw.

Cefais fy magu mewn busnes teuluol ac anodd tynnu dyn oddi wrth ei wreiddyn. Yn yr un modd ag yr oeddwn innau yn blentyn yn cyfeirio at siop Mam a Dad fel ein siop 'ni', ac yn trafod ein prysurdeb 'ni' bob Nadolig ac yn holi o hyd pa lyfrau newydd oedd ganddon 'ni' i'w gwerthu wrth agor y bocs diweddaraf – felly yn union mae fy mhlant innau yn trafod Gwasg Carreg Gwalch. Maen nhw wedi bod yn rhan o lawer o'i gweithgareddau, ac mae nifer o'r cyhoeddiadau wedi eu creu yn gyntaf ar eu cyfer hwy dros y blynyddoedd.

Mae'r pump ohonynt wedi bod yn symud bocsys o lyfrau cyn eu bod nhw'n medru cerdded, bron iawn. Wrth osod stondin ar feysydd steddfodau'r Urdd a'r Genedlaethol, gwaith yr ieuengaf o hyd ydi rhoi trefn ar lyfrau *Tecwyn y Tractor.* Yna maen nhw'n graddio ac yn dringo'r ysgol yn raddol – byrddau bargeinion plant; rhoi trefn ar ôl-rifynnau *Llafar Gwlad*; llenwi troellwyr ac yna'r llyfrau newydd. Pan ddaw rhifyddeg y pen yn ddigon cadarn, byddant yn gwerthu y tu ôl i'r cownter; cyn hynny – yn estyn y bagiau. A gwerthu'r *Cyfansoddiadau*, wrth gwrs. Pan ddôn nhw i oedran Chweched Dosbarth a Choleg, maen nhw'n gweithio yn y wasg ei hun – yn yr adran rwymo, neu helpu gyda pa bynnag brosiect adeiladu sydd ar fynd ar y pryd. Pan fydd un ohonyn nhw wedi'i blesio gan ryw lyfr Saesneg, mi glywn y cwestiwn: 'Dad, pryd dan ni'n mynd i wneud rhywbeth fel hwn yn Gymraeg?'

Dwi'n sylwi mai felly mae Deiniol, fy mrawd, a'i deulu yntau – mae ganddo ef a Chandra ei wraig siop deli, siop win, tŷ bwyta, gwasanaeth arlwyo a busnes cyfanwerthu yn Llanrwst ac mae digon o gyfleon wedi bod i'r plant, Osian a Gwenllian, fod yn rhan o'r gwaith o oedran ifanc iawn.

Does dim ffin bendant rhwng bywyd teuluol a gwaith ac mae hynny'n braf iawn ar un ystyr. Mae hynny'n gofyn am gyd-ddealltwriaeth a chyd-fwynhâd yn yr un pethau. Oherwydd nad ydi rhywun yn cyfri'i oriau wrth weithio iddo fo'i hun, mae medru cynnwys y teulu yn y busnes yn esmwytho'r darnau hynny o'r dydd. Mae iddo'i beryglon wrth gwrs – yn arbennig felly os ydi'r gweithdy o fewn cyrraedd y cartref. Mi all hi fynd yn ddim byd ond gwaith a gwely a rhan o ddisgyblaeth bod yn hunangyflogedig ydi gwybod pryd i gau'r drws ar y gwaith. Mae 'na rywbeth yn gartrefol iawn mewn codi'n gynnar, cerdded yn dy slipars ar draws y buarth a gwneud sbelan o waith cyn mynd yn ôl i'r tŷ i wneud coffi i'r wraig, ond rhaid peidio byw i weithio neu mi eith yn garchar i'r teulu ac mi all y plant laru. Pan oedd Llio a minnau wrthi'n hel syniadau ar gyfer agor oriel Tonnau ym Mhwllheli, mi aethom am 'wyliau' fel teulu i sir Benfro. Wedi treulio tridiau yn crwydro o un pentref bach tlws i'r llall, o oriel i oriel, yn sylwi a thrafod, cyhoeddodd Lleucu yn reit ddi-lol: 'Wel dydw i yn bendant ddim isio mynd i **'run** oriel arall!' Cywilydd mawr wedyn a mynd i chwilio am bwll nofio!

Mae'n naturiol bod plant yn dynwared yr hyn maen nhw'n gweld eu rhieni yn ei wneud ac yn gweld medru cyflawni gwaith arbennig fel grisiau ar y ffordd i dyfu i fod yn oedolion. Pan fydd rhyw sgîm adeiladu ar fynd yma, mi

Owain yn trin llwyth o focsys yn y stordy

Treuliodd Carwyn ei flynyddoedd cynnar yn hyrwyddo Tecwyn

fyddaf yn cael blas ar wneud rhywfaint o'r gwaith fy hun a phan oedd Euron, yr adeiladydd, wrthi'n rhawio tywod i'r micsar un diwrnod, mi glywodd ei hun yn cael ei wthio o'r neilltu – Owain, yn dair oed, oedd yno efo'i raw blastig ac yn rhawio ffwl pelt.

A dyna pam fy mod wedi penderfynu dweud stori'r wasg. Ddeng mlynedd ar hugain yn ôl, roeddwn i'n fyfyriwr yn Aberystwyth ac yn dod i ben draw lein y trên bach addysg. Roeddwn i wedi dringo o un dosbarth i'r llall yn Ysgol Gynradd Llanrwst ac Ysgol Dyffryn Conwy, wedi mynd i brifysgol ac wedi gwneud cyfnod o 'waith ymchwil' – a mwya' sydyn roedd y trên wedi dod i stop. Be nesa?

Mae Carwyn a Llywarch, y ddau fab hynaf, yn mwynhau eu cyfnodau yn y Brifysgol yn Aberystwyth ar hyn o bryd; mae Lleucu yn Ysgol Glan y Môr, Pwllheli ac Owain a Cynwal yn cael amser braf yn Ysgol Pentreuchaf. Ond mae echel yr hen ddaear yma'n troi'n gyflym iawn.

Mi rydw i wedi bod yn lwcus iawn – mi lwyddais i droi fy niddordeb yn fara menyn. Dyna ydi fy nymuniad i bob un ohonynt hwythau hefyd ac er mai sôn am un busnes ac am un maes yr ydw i, mae llawer o'r profiadau a'r gwersi a ddysgais ar y daith yn debyg, ta waeth be ydi'r gwaith.

Menter Mam a 'Nhad

Testun pryder cyson yn y wasg Gymraeg ar ddechrau'r 1950au oedd 'y lleihad brawychus yng ngwerthiant llyfrau Cymraeg'. Roedd nifer y prynwyr yn crebachu, y cyfleon i weld a phrynu llyfrau yn brin a'r gweisg yn bygwth rhoi'r gorau i gyhoeddi yn yr iaith. Caeodd drysau Siop y Castell yng Nghaerdydd a rhoddai llawer o siopwyr oedd yn draddodiadol yn stocio teitlau Cymraeg y flaenoriaeth i bapurau newydd a chylchgronau Saesneg. Bryd hynny, roedd Mam a 'Nhad newydd ddod yn ôl o grwydro'r Cyfandir a sbelan yn Llundain – Mam wedi cael swydd yn Ysgol Gynradd Abermorddu yn Sir y Fflint a 'Nhad yn ddi-waith, ond ar fin cael ei benodi yn athro yn Ysgol Gymraeg Glanyrafon, Yr Wyddgrug. Roeddent yn priodi yn Ebrill 1953 ac yn chwilio am ffordd ymlaen yn eu bywydau.

Mae'n rhaid bod rhyw ysbryd yn cyniwair bryd hynny. Yn Abermorddu, bedair milltir oddi wrth y ffin, cafodd Mam ganiatâd y prifathro i ddysgu Cymraeg i blant saith ac wyth oed ac roedd y rheiny yn defnyddio'r iaith i'w chyfarch ar stryd y pentref yn fuan iawn. Aeth y plant hynaf ar streic am nad oedden nhw'n cael gwersi Cymraeg – roedd hi'n olygfa ryfeddol un amser chwarae, meddai Mam, gyda'r plant deg ac un ar ddeg oed yn gorymdeithio o amgylch y buarth yn llafarganu: *'We want Welsh! We want Welsh!'*

Cysylltodd Mam a 'Nhad â'r gweisg Cymraeg yn gofyn am focsys o lyfrau, gan gynnig eu marchnata ar delerau gwerthu neu ddychwelyd a gostyngiad o 10% yn y pris. Cawsant ymateb cadarnhaol gan bum gwasg, gyda Gwilym R., Gwasg Gee yn eithriadol o frwd. Bu 'Nhad yn cynnal stondin ar farchnad Llanrwst ac yn gwerthu o gefn hen fan bost yn Eisteddfod Llangwm tra oedd yn ddi-waith – gwerthodd werth £100 o lyfrau ar ei ymweliad cyntaf â'r farchnad a rhoddodd hynny hwb sylweddol iddo. Yna bu'r ddau ohonynt yn ymweld â chymdeithasau llenyddol Sir y Fflint ac ochrau Caer gan gael hwyl ar y gwerthu o gêsys a bocsys rhwng 1953 a 1955.

'Dwi'n cofio gwerthu cardiau Nadolig Gwasg y Brython yn Nhreffynnon yn 1954,' meddai Mam. 'Mi ddaeth hen wraig at y stondin ac mi lanwodd ei llygaid wrth eu gweld – doedd hi erioed wedi gweld cardiau cyfarch Cymraeg cyn hynny a doedd hi erioed wedi breuddwydio y byddai'r fath beth yn bosib.'

Priodas Mam a Dad, Ebrill 1953

Ar sgwâr Llanrwst y clensiodd y syniad efallai. Un diwrnod marchnad, daeth taid teulu Cilcennus (mae'r merched hwythau yn cadw Siop Clwyd yn Ninbych erbyn hyn) at stondin 'Nhad a'i annog: 'Agorwch chi siop a rhoi llyfrau ynddi ac mi wnawn ni eu prynu'. Bu gystal â'i air, meddai Mam – pan gyhoeddid nofel newydd gan Islwyn Ffowc Elis byddai'n prynu copi i bob un yn y tŷ – saith i gyd – gan fod cymaint o ffraeo pwy oedd yn cael ei darllen hi yn gyntaf! Cafodd 'Nhad waith yn Ysgol Pentrefoelas; ganwyd Gwawr, fy chwaer – eu plentyn cyntaf – yng Ngorffennaf 1955 a'r hydref hwnnw symudodd y tri o Sir y Fflint i siop a thŷ yn sownd wrthi yn Nhan-y-graig, Llanrwst. Gyda babi tri mis oed yn cysgu mewn hen focs llyfrau yn y gegin, agorodd Mam ei 'Siop Llyfrau Cymraeg', gyda dim ond un silffaid o lyfrau ynddi. Roedd yn gorfod rhoi bocsys y tu ôl i'r llyfrau er mwyn i'r silff edrych yn llawnach. Hon oedd y gyntaf o'r genhedlaeth newydd o siopau Cymraeg a welodd Cymru dros y chwarter canrif dilynol.

Roedd enw Cymraeg ar siop yn beth anarferol bryd hynny. Roedd cynnwys y gair 'Cymraeg' yn yr enw yn hynotach fyth. Rai wythnosau ar ôl agor, roedd Mam yn clirio'r nwyddau o'r ffenest un bore Llun i osod un 'newydd', gan ei bod yn wythnos ffair Dachwedd. Clywodd un wreigan yn dweud wrth ei chydymaith wrth basio: 'Mae hon yn cau, yli. Ro'n i'n deud wrthat ti mai dyna fasa'i hanas hi, yn do'n? Gormod o Gymraeg, yli.' Roedd pryder dros fenter y pâr ifanc ymysg perthnasau 'Nhad yn Nyffryn Conwy hefyd. Daeth ei ewythr, Ifan Owen o Eglwys-bach, i'r siop a chrybwyll – mewn ffordd neis iawn – fod gormod o Gymraeg ar yr arwydd tu allan a bod hynny yn ddrwg i fusnes. Roeddan nhw newydd gael ffôn, a 'Ffôn' nid y '*Telephone*' arferol a baentiwyd ar yr arwydd. Roedd yr hen Ifan Owen yn cydweld ei bod hi'n braf iawn cael dod i mewn i'r siop a sgwrsio yn y Gymraeg, meddai, ond 'Peidiwch â defnyddio gormod arni hi rhag i chi ddychryn pobol!'

Ugain mlynedd yn ddiweddarach, roedd yr hen agwedd hon yn dal yn dew ar hyd y wlad. Erbyn hynny, roedd Iorwerth, brawd Mam, ac Irene yn rhedeg busnes cardiau Cymraeg ac yn danfon i bob math o siopau ledled Cymru. Mewn sawl ardal roedd y siopwyr yn gwrthod arddangos y cardiau Cymraeg: 'rhag pechu yn erbyn y Saeson, chi'n gw'bod'. Cadwent y rheiny mewn bocs o dan y cownter ac roedd yn rhaid i gwsmeriaid dyfalbarhaus ofyn amdanyn nhw – 'fel gofyn am gondoms' yn ôl Ior.

Fel arall y trodd pethau yn hanes Siop Llyfrau Cymraeg, Llanrwst. Denai'r Gymraeg ar yr arwydd lawer o Saeson ac ymwelwyr o Ewrop i mewn iddi yn llawn chwilfrydedd, gan fynegi anwybodaeth o fodolaeth yr iaith wahanol hon yng Nghymru.

Roedd y busnes yn iach hefyd. Yn ôl yn nyddiau'r stondin ar y sgwâr, byddai 'Nhad yn mynd â gwerth £50 o lyfrau gydag o i'w gwerthu. Ar ddiwrnod da, byddai wedi gwerthu'r cyfan – £30 y mis oedd cyflog athro bryd hynny. Prynodd y ddau ohonynt y siop a'r tŷ yn Nhan-y-graig am £1,260 yn 1955 a llwyddwyd i glirio'r ddyled gyda gwerthiant nwyddau Cymraeg y ddwy neu dair blynedd cyntaf.

Llyfrau oedd fy nheganau i yn blentyn. Llyfrau fyddai'n cael eu trafod wrth y bwrdd bwyd. Ymwelai awduron a chyhoeddwyr â'r siop a'r cartref yn rheolaidd.

Mam a Dad, Deiniol a Iolo ac ymwelydd o dramor o flaen y siop yn Nhan-y-graig, Llanrwst yn 1974

Pan aem i gartref Mam yn Nhŷ Croes, Rhydaman, byddai'n rhaid galw heibio Llyfrau'r Dryw, Llandybïe i godi parseli gan Emlyn Evans a heibio gwasg ryfeddol Y Lolfa yn Nhal-y-bont yn ddiweddarach. Pan aem ar wyliau teuluol i Lundain, Foyles yn Charing Cross Road oedd yr atyniad cyntaf ar y rhestr, y siop annibynnol orau yn Lloegr. Aem dramor am bythefnos bob haf – gwersylla ar hyd a lled Ewrop a byddai busnesu mewn siop lyfrau a gweld sut oedd diwylliant y gwahanol wledydd yn cael ei farchnata yn bennod anorfod o bob taith.

Cawsom gyfle yn blant i weld ein gwlad a'n hiaith ein hunain ochr yn ochr â goreuon y Cyfandir. Gwelsom pa mor bell yr oeddan ni ar ei hôl hi – ond nid cyfle i wfftio a gwawdio'r Gymraeg oedd gweld y bylchau o ran ansawdd a dewis, ond petrol i ymdrechu i fod yn gydradd. Yn nhre Odense, Denmarc, anghofia' i byth mo'r wefr a gawsom fel teulu wrth ganfod *Chwedlau Hans Christian Andersen* – yr argraffiad Cymraeg – yn gorwedd mewn cas gwydr yng

In 1903 two brothers, William and Gilbert Foyle, founded what was to become the world's most famous bookshop. Today we have 5 floors and almost 200,000 different books at our flagship store on London's Charing Cross Road plus new branches across Central London and a website from where you can order any book in print.

nghwmni argraffiadau eraill mewn sawl iaith o bob rhan o'r byd yn amgueddfa'r awdur mawr hwnnw. Dyna lle'r oeddan ni i fod.

Gwelodd Mam yr angen am fwy o ddewis o nwyddau Cymraeg – dechreuodd werthu cerddoriaeth a recordiau a chan nad oedd llawer o ddewis o gardiau, aeth ati i gynhyrchu rhai ei hun. Prynai gardiau blanc o'r Swistir drwy asiant o'r enw Warfolk o gwmni Newton Mill, yna câi Ted Jennings yr argraffydd yn y dre i argraffu dymuniadau penblwydd, brysiwch wella ac ati uwchben y lluniau blodau deniadol. Yn fuan iawn, hi oedd yr ail gwsmer gorau drwy Gymru i gardiau'r trafaeliwr hwn.

Wrth i ni'r plant dyfu a llowcio llyfrau, mae'n rhaid bod ein hangen am ragor o ddeunydd yn brifo ein rhieni. Dechreuodd Dad sgwennu i lenwi'r bylchau ar silffoedd Mam fel bod mwy o ddewis i ninnau. Cyhoeddwyd *Jac Jamaica*, ei nofel gyntaf, yn 1961 ac mae'n siŵr 'mod i wedi ei darllen ddengwaith mewn pum mlynedd a'i blagio yn barhaus am ragor. Daliodd ati a chyhoeddwyd un ar bymtheg ar hugain o'i gyfrolau – y rhan fwyaf ohonynt yn nofelau i blant, gan gynnwys *Cyfres y Llewod* a ddaeth â'i enw yn adnabyddus drwy Gymru.

Pan agorodd Mam ddrysau ei siop am y tro cyntaf, daeth dyn Siop Tan y Pendist ar y sgwâr heibio (drws nesaf i siop

Menter Iaith Conwy heddiw). Rŵan fod Mam yn arbenigo ar lyfrau meddai, byddai'n trosglwyddo ei stoc a'r busnes gwerthu llyfrau emynau a llyfrau enwadol iddi, a dyna fu. Yn ei thro, rhoddodd Mam y gorau i werthu'r fferins a'r Woodbines oedd yn siop Tan-y-graig pan brynson nhw hi – a throsglwyddo'r stoc hwnnw i Siop Wil Berry yn Stryd Ddinbych. Dyna'r hen drefn mewn tref farchnad. Rhyfedd o fyd, ond gwych iawn hefyd – Dwynwen, merch Wil Berry, sydd bellach yn dal ati gyda hen fusnes Mam a 'Nhad yn siop Bys a Bawd heddiw, ac yn gwneud gwaith rhagorol yno hefyd.

Yr hogyn oedd yn swnian am lyfrau erst alwm

Mam y tu ôl i gownter yr hen siop yn 1968 ac yng nghwmni Dwynwen yn Bys a Bawd heddiw, ar drothwy creu estyniad newydd i'r siop

Dre

Yn Nyffryn Conwy, fel mewn sawl dyffryn arall yng Nghymru, dim ond un 'Dre' sydd. 'Lla'rŵs' ydi honno i ni, wrth gwrs – tre farchnad ger rhyd ar afon Conwy ers dyddiau Llywarch Hen o leiaf. Tyfodd yn dref Gymreig o bwys pan gododd Edward dre arall, freintiedig i'w goloneiddwyr y tu ôl i gysgod waliau Conwy. Gwaharddwyd y Cymry rhag cynnal marchnad o fewn deng milltir i'r trefi castellog. Saif Llanrwst un filltir ar ddeg i fyny'r afon o Gonwy, a chydag elfen o godi dau fys ar gynlluniau brenhinol siŵr o fod, aethant ati i greu eu marchnad eu hunain yn y dre honno. Erbyn hyn, mae marchnad amaethyddol Conwy wedi hen chwythu'i phlwc ac un Llanrwst yn mynd o nerth i nerth. A hyd heddiw, ymysg ffermwyr gwaelod y dyffryn – hyd yn oed y rhai sy'n medru gweld waliau Conwy o'u buarthau – Llanrwst maen nhw'n ei olygu pan ddwedan nhw 'Dre'.

Tynnwch linell o Gaergybi i Groesoswallt ac un arall o Bwllheli i Brestatyn – mae Llanrwst tua hanner y ffordd ar hyd y ddwy ohonyn nhw. Tyfodd yn ganolfan i borthmyn a chrefftwyr teithiol o bob math dros y canrifoedd. Does yr un dalgylch papur bro yng ngogledd Cymru fwy nag awr o Lanrwst. Mae'n lle canolog i fusnes neu siop arbenigol – fel y profodd Mam a 'Nhad wrth i deuluoedd ffyddlon bererindota yno ddwywaith neu dair y flwyddyn am eu nwyddau Cymraeg. Bu'r un peth yn wir yn hanes Gwasg Carreg Gwalch – mae rhywrai o bob cyfeiriad yn pasio drwy'r dre ac yn medru danfon gwaith i'w argraffu neu gasglu pecyn bob amser.

Mae'n dre gydag ysbryd annibynnol yn perthyn iddi. Mae'r dywediad 'Cymru, Lloegr a Llanrwst' yn mynd â ni'n ôl i gyfnod rhyfeloedd y tywysogion, ond mae hefyd yn

Diwrnod marchnad yn Llanrwst

cyfleu'r teimlad sydd ymysg siopwyr a masnachwyr y dre o hyd: 'Be bynnag ti isio, gei di o'n Lla'rŵs!'

Mae trefi marchnad yn cyflenwi'r boblogaeth sydd yn eu dalgylch – ond yn fwy na hynny, mae'r busnesau yn cyflenwi'i gilydd yn ogystal. Dyna gryfder mawr y dre farchnad draddodiadol Gymreig ac mae hwnnw'n rhywbeth i'w drysori – dylai fod yn egwyddor i adrannau cynllunio ac adrannau economaidd y sir a'r Cynulliad. Mae pob punt sy'n cael ei gwario yn lleol yn werth seithbunt i'r economi leol, yn ôl Deiniol fy mrawd. Daeth yn arfer i alw siopau bach, teuluol nad ydyn nhw'n rhan o gwmnïau anferth, rhyngwladol yn 'siopau annibynnol' erbyn hyn – mae hwnnw'n derm sy'n cael ei gamddeall a'i gamddefnyddio gan lawer. Siopau cyd-ddibynnol ond cyfartal ydyn nhw, heb un bwli mawr yn eu mysg; siopau yn cefnogi'i gilydd am eu bod yn credu yn y syniad o 'dre farchnad'.

Gan fod Mam yn gaeth y tu ôl i'w chownter yn ein siop ar hyd oriau'r dydd, ni'r plant fyddai'n 'piciad i siop hwn-a-hwn i nôl y peth-a'r-peth'. Doedd dim oergelloedd na chypyrddau bwyd anferth mewn tai yn fy mlynyddoedd cynnar i a doedd y syniad o wneud 'un negas mawr wythnosol' ddim yn bod bryd hynny. Mi awn yn ddyddiol bron am gig i Siop Kerry; bara i Sgilis; caws o George Mason; bwyd tun o Dwyryd Stores; ffrwythau o Siop Pierce ac ar ddyddiau braf, llond bowlen o beli hufen iâ i bwdin o Siop Wil Berry. At anghenion y siop, anfonai Mam fi am baraffin i siop haearnydd John Evans a bylbs a batris o siop drydan Meirionwen Jones. Roedd y cyfan o fewn cyrraedd plentyn bach oedd yn cael ei drin gydag urddas a chroeso lle bynnag y byddai'n galw.

Does dim rhaid pwysleisio bod rhai o egwyddorion sylfaenol y dre farchnad yn berthnasol iawn i'r ganrif newydd hon – arbenigedd lleol, cynnyrch a chyflenwad lleol, gwasanaeth lleol a chred yn economi leol y dre. 'Mae ceiniog wedi'i gneud yn gron er mwyn iddi ddal i rowlio rownd pawb,' meddai Mr Thomas Harp Stores ers talwm wrth dderbyn tâl am fisgedi gydag un llaw a thalu o'r til am becyn o amlenni o siop Mam gyda'r llaw arall.

Mae'r ffordd gymdeithasol o redeg busnes a'r ffordd leol yna o gefnogi'n gilydd wedi gwreiddio yn ddwfn ynof innau. Mae'r olwyn yn troi a gall yr egwyddor hon fod yn sylfaen i economi 'newydd' ein canrif ninnau – mae'r hen ddiwydiannau trymion Cymreig wedi chwalu; mae'r don o gwmnïau rhyngwladol a ddaeth yma i agor ffatrïoedd grantiau wedi hel eu paciau; mae'r wasgfa economaidd yn mynd i ddweud yn arw ar swyddi'r sector gyhoeddus sydd ar hyn o bryd yn ariannu 60% o gyflogaeth Cymru. Mae'n amser aeddfed i sefydlu busnesau tre marchnad i ysgwyddo'r cyfrifoldeb o gynnal economi ddatganoledig, iach wedi'i gwreiddio yn y cymdeithasau lleol.

Ehangu Gorwelion

Dydi 'lleol' ddim yn golygu 'cul' a 'phlwyfol' a'r ansoddeiriau negyddol eraill y mae rhai mor hoff o edrych i lawr eu trwynau arnyn nhw. 'Dos a mwynha dy hun,' meddai Bob Llefrith y Milc-bar wrtho' i a finnau'n ei chychwyn hi i'r coleg yn Aber, 'ond cofia mai hogyn o La'rŵs wyt ti.'

Danfon cania a photeli Coca Cola i'r Milc-bar a sawl siop, tafarn a chaffi ar hyd a lled gogledd Cymru oeddwn i'r haf hwnnw. Roedd Mr Coke yntau wedi sylweddoli fod Llanrwst mewn lle da ac wedi sefydlu stordy helaeth yno, gyda phedair wagan yn gadael yn ddyddiol i sbydu'i sothach o drwy'r dalaith. Roedd dreifar, oedd hefyd yn werthwr, a hogyn help llaw ar bob wagan. Alun o Felin-y-coed (tafarnwr yn Traws ers blynyddoedd) oedd fy nreifar i ac mi ddysgais o leia dri pheth pwysig gan Alun: 'Dydyn nhw ddim isio dy weld di os nad oes gen ti wên ar dy wyneb – rhaid iti fod yn siriol dy sgwrs hyd yn oed os ydi o'r surbwch mwya'.' Yr ail gyngor doeth oedd: 'Paid byth â gwrthod panad'. Mi fyddai ambell gaffi yn cynnig panad neu sgonsan neu hufen iâ i'r dreifar a'i labrwr. Weithiau mi gaem dair panad mewn tri stop ar ôl ei gilydd ac mi fyddwn innau'n nogio – dyna pryd y byddai Alun yn fy siarsio i dderbyn: 'Ella na wneith na run ohonyn nhw gynnig rwsnos nesa!' A'r drydedd wers oedd sylweddoli bod mwy o ffyrdd o dalu na thrwy bres yn unig. Fel staff wagan, roedd ganddon ni hawl i yfed hynny lician ni o Goca-Cola – cyn belled â bod y caniau yn perthyn i becyn o rai wedi'u torri neu'u gwasgu gan y fforc-lifft. Mi yfais bedwar can o gôc ar y diwrnod cyntaf a tydw i ddim wedi cyffwrdd y ddiod ers hynny. Doedd Alun ddim yn yfed y stwff chwaith – ond roedd o'n cadw unrhyw ganiau cyfan yr oedd yn eu harbed o'r pecynnau llanast. O dro i dro, byddem yn cyd-daro ar werthwr pasteiod neu drafeiliwr

Mars Bars neu lori greision. Mi fyddai nwyddau'n cael eu cyfnewid wedyn dan hen drefn ffeirio'r hen oes – pedwar can o gôc am ddau Fars Bar a dau Milky Way ac ati.

Flynyddoedd yn ddiweddarach mi fûm i'n argraffu papurau swyddfa a thaflenni hysbysebu i Pero, cwmni bwyd cŵn Dewi Llawrynys – ac mewn bagiau bwyd cŵn roeddan ni'n prisio bob joban, 7 bag am ddeg llyfr o anfonebau, 10 bag am daflenni dau liw ac ati. Mi wn i o ble daeth y drefn honno ac roedd cyfrifwyr y ddau gwmni yn tynnu gwalltiau'u pennau wrth drio ein cael i blygu i'r drefn!

Lle bynnag yr aiff rhywun, beth bynnag wnaiff rhywun – mae profiadau gwerthfawr i'w casglu a'u trysori. Yn ystod gwyliau ysgol a choleg, mi fûm yn werthwr petrol ym Metws-y-coed, hogyn brecwast a the i gang o nafis, labrwr codi stondinau ar faes y Steddfod, paentiwr tai a chariwr bêls. Mae rhyw grefft i bob gwaith ac mae rhywun ar ei ennill o gymysgu gyda gweithwyr mewn pob math o wahanol swyddi.

Dyna fy ffordd i o feddwl ac o fyw yn ystod fy nyddiau coleg yn Aber. Does dim angen dweud bod bywyd cymdeithasol myfyriwr ym mlynyddoedd cyntaf Neuadd Pantycelyn wedi bod yn rhai bywiog ac amrywiol. Ynghanol y difyrrwch, mi gefais flas ar sawl maes – ffotograffiaeth a gwaith stafell dywyll i *Llais y Lli* yng nghwmni Graham Pritchard; rhedeg Bar Panti yng nghwmni pwyllgor di-lol; sgwennu a threfnu argraffu cyhoeddiadau'r myfyrwyr Cymraeg yn cynnwys *Sŵn Drwg*, *Rhagrith* a stwff y Steddfod Ryng-Golegol; cyfansoddi a chynhyrchu dramâu; trefnu adloniant a threfnu Steddfod Ryng-Gol Aber 1977.

Dwi wedi elwa'n fawr ar y cysylltiadau a'r sgiliau a gefais yn ystod dyddiau coleg. Er nad oeddwn i'n fyfyriwr cydwybodol yn academaidd, roeddwn i'n brysur fel arall ac roedd pobl yn ymateb i hynny – gwnewch chi rywbeth i'ch cymdeithas a bydd y gymdeithas yn siŵr o gofio amdanoch.

Gwaith argraffu a pherffformiad 'anghydadrodd' o un o faledi Cynan yn y coleg

Dysgais sut i ofyn ffafrau a sut i rannu gwaith ymysg fy nghyfoedion yn y coleg a sut i drefnu gwaith fel bod pethau'n dwyn ffrwyth ar amser.

Mae dau fyd yn arbennig o weithgarwch dyddiau coleg wedi bod yn gefn mawr imi, er nad oeddwn yn sylweddoli hynny ar y pryd. Byd y ddrama oedd un – yn ystod fy nhymor cyntaf yn Aber, roedd Cymdeithas y Ddrama Gymraeg yn cyflwyno *Llyffantod* gan Huw Lloyd Edwards yn Theatr y Werin. Doedd 'na ddim Adran Ddrama bryd hynny a chydig iawn o actio oeddwn i wedi'i wneud yn Ysgol Dyffryn Conwy. Ond John Meirion Morris oedd y cynhyrchydd yn Aber ac roedd y cast yn cynnwys Emyr Wyn, Mei Jones a hanner Neuadd Pantycelyn. Mi lyncais y bachyn a bu'r ddrama – y ddrama 'gymdeithasol' yn bennaf – a chrefft y theatr yn bwysig iawn i mi weddill fy amser yn y coleg.

Byd argraffu oedd y llall. Roedd angen posteri, tocynnau, rhestr testunau, cyfansoddiadau, cylchgrawn rag neu bamffledyn sgandals fyth dragwyddol ar y gweithgareddau roeddwn yn ymwneud â nhw. Roedd gan Haydn weithdy argraffu off-set leiddo at wasanaeth y myfyrwyr yn seler Hen Undeb y Myfyrwyr ger yr Hen Goleg. Coffi a sgwrs oedd hoff bethau Haydn, a phan fyddwn i'n glanio yno gyda gwaith mi fyddai'n well ganddo ddal gafael yn ei baned a dangos i mi sut i weithio'r penawdwr, sut i'w chwyddo yn y stafell dywyll a sut i ddylunio'r gwaith a chysodi ar bapur leins melyn yn barod i'r camera. Wn i ddim ai athro da neu weithiwr diog oedd o, ond mi ddysgais lawer ganddo – a chael blas arni.

'Dwi'n mynd adra'

Mi fûm yn Aber am bum mlynedd – y ddwy olaf yn gwneud ymchwil i hanes y theatr yng Nghymru ac yn hel rhywfaint o'r deunydd a welodd olau dydd dros ddeng mlynedd ar hugain yn ddiweddarach yn *Wil Sam y Dyn Theatr*. Y fi oedd yr olaf o fy hen griw i stelcian ger y lli yn hytrach na chwilio am waith go-iawn, ond roedd hynny wedi rhoi amser imi gael fy ngwynt ataf cyn gorfod gwneud penderfyniad.

Mynd yn athrawon neu droi am Gaerdydd a'r cyfryngau oedd y patrwm cyffredin i fyfyrwyr yn y celfyddydau ar ddiwedd y '70au. Aeth nifer o'r talentau creadigol oedd yn cydoesi â mi yn Aber am y BBC neu HTV ac roeddwn innau wedi mwynhau sawl trip i flasu peth ar y bywyd hwnnw i lawr yn y ddinas. Arhosais yno am wythnos ar hynt hanes y theatr unwaith ac er i mi gael ambell hanner awgrym y byddai agoriad i mi ym myd y cyfryngau, dewis peidio â mynd wnes i. Mi roeddwn – ac mi rydw i – yn dal yn hoff iawn o Gaerdydd fel lle i ymweld â hi, ond heb newid fy meddwl ynglŷn â'r ddinas fel lle i fyw a gweithio ynddi. Ond mi fu fy ffrindiau yn y cyfryngau yn gymorth mawr i mi dros y blynyddoedd nesaf – cefais lawer o waith sgriptio, llenwi bylchau mewn rhaglenni a chyhoeddusrwydd i gyfrolau a dwi'n fythol ddiolchgar iddyn nhw am y gefnogaeth.

Mi allaf gofio'r noson. Tecwyn Ifan yn canu caneuon y Dre Wen ac Amos yng nghlwb gwerin Cymraeg Aber yn stafell gefn tafarn yr Angel. Roeddwn i newydd ddod yn ôl wedi penwythnos yng Nghaerdydd; roeddwn i wedi hel mynydd o stwff ynglŷn â'r ymchwil a doeddwn i ddim yn cael digon o lonydd wrth hanner byw fel sdiwdant o hyd i roi trefn ar y cwbl a sgwennu'r traethawd terfynol. Canodd Tecs: 'Dwi 'di blino ... dwi'n methu huno ... dwi'n mynd adra ... yn y bora'.

Cyn y cytgan olaf roeddwn i wedi gweld y jig-so yn

disgyn i'w le. Roedd y tŷ yng nghefn siop Mam yn Llanrwst yn stafelloedd rhent ers i ni fel teulu symud i fyw i Drefriw yn 1971. Roedd yn wag ar y pryd ac roedd gen i gontract i 'Nhad i beintio'r siop a'r cartref yn Nhrefriw yr haf hwnnw. Mi awn yno i fyw i gwblhau blwyddyn olaf fy ngwaith ymchwil, gorffen sgwennu'r miloedd geiriau a gweld be ddôi. Roedd Cymru newydd wrthod mesur o ddatganoli; roedd Thatcher ar ei gorsedd; roedd myfyrwyr hyd yn oed yn troi yn geidwadol – roedd hi'n hen bryd gadael Aber.

Mi fûm yn cadw'r siop am bythefnos yr haf hwnnw tra oedd fy rhieni ar ei gwyliau a rhaid i mi gyfaddef i mi fod yn agos at ofyn i Mam sut fyddai'i dallt hi i drafod dyfodol y busnes. Roeddwn i'n mwynhau gweld a gwerthu i bobl yr ardal eto, ac yn mwynhau'r cyfle i sgwrsio a chael hwyl ar lawr y siop. Roedd rhywun difyr wastad yn pasio drwy Lanrwst ac yn galw heibio a byddai ymwelwyr o Ewrop yno'n gyson yn yr haf yn holi am Gymru a'n diwylliant. Rhwng rhoi fy nhrwyn mewn ambell lyfr a threfn ar y stoc, roedd y dyddiau'n gwibio heibio heb boen. Eto, mi wyddwn o brofiad fy rhieni mor gaeth ac undonog roedd cadw siop yn medru bod. Mae rhywun hefyd ar drugaredd y cwsmeriaid i ddod drwy'r drws yn eu hamser eu hunain. Mae'n well gen i weithio yn ôl fy oriau fy hun erioed.

Wnaeth y syniad o gael llonydd drwy symud i Lanrwst ddim gweithio chwaith. Gyda phres peintio tai roeddwn i wedi clirio fy nyled yn y banc; mi gefais fenthyg pres gan fy nhad a phrynais fy nghar cyntaf yr haf hwnnw gan fy mêt ers dyddiau ysgol, Gari Wyn, Garej Glasfryn bryd hynny – Cortina MKII llwyd am £200. Roedd y tanc yn gollwng petrol os oedd mwy na gwerth £2 ynddo, roedd yn neidio allan o'r gêr top os nad oeddwn i'n ei ddal fel cranc yn ei le ac roedd rhaid rhoi wyau i ferwi yn y rheiddiadur dŵr i gau'r tyllau mân oedd yn hwnnw. Ond roedd pedair olwyn tano, ac roedd rheiny yn agor ffyrdd a chyfeiriadau newydd yn yr hen fro.

Y car cyntaf, Cortina – ond erbyn hynny, 'Consartina'

Wrth i Awst droi'n Fedi, roeddwn i'n fuan cyn brysured yn gymdeithasol ag oeddwn i yn Aber yn fy nyddiau coleg. Rygbi – ym Mro Ffestiniog ac yna yn Nant Conwy – ddwywaith yr wythnos; ymarfer drama gyda Chlwb Ffermwyr Ifanc Ysbyty Ifan – a Chlwb Llanrwst yn ddiweddarach – ddwywaith yr wythnos; tîm talwrn; sgriptio at steddfod y clybiau a thafarnau'r Cwîns a'r Giler dan eu sang. Ar ddechrau'r wythdegau roedd dros gant o aelodau gan Glwb Ffermwyr Ifanc Llanrwst, cant arall yn Aelwyd Bro Cernyw, gymaint â hynny eto rhwng clybiau ac aelwydydd Ysbyty Ifan, Cerrig a Llangwm – dyna boblogaeth myfyrwyr Cymraeg Aber yn nalgylch Llanrwst fwy neu lai. Roedd bywyd yn dda iawn a chan fod rhaid i bawb arall godi i weithio waeth pa mor ddifyr fu'r noson cynt, doeddwn innau'n cael dim helynt i wneud diwrnod da o waith ar fy nhraethawd coleg. Roedd hwnnw wedi'i orffen erbyn y Pasg ac roeddwn wedi dechrau dysgu fy hun i deipio drwy ddefnyddio'r gwerslyfr Cymraeg oedd ar gael ar y pryd.

Roedd papurau bro *Yr Odyn* wedi'i sefydlu ym mlaenau Dyffryn Conwy yn 1976 a'r *Pentan* newydd ddechrau ymddangos yng ngwaelod y dyffryn. Roedd Gari Wyn y garej yn athro hanes yn Ysgol Dyffryn Conwy ar y pryd a

Yn gynhyrchydd ac awdur drama gyda chriw Ffermwyr Ifanc Ysbyty Ifan yn 1979

newydd gyhoeddi llyfr bro am gymeriad o Glasfryn. Ar ôl cyfnod dwys o brotestio a sôn am 'achub' yr iaith, roedd 'na awydd cryf bellach i'w defnyddio ac i wneud rhywbeth â hi yn cyniwair drwy rai ardaloedd o Gymru.

   Mae syniadau newydd a meddylfryd newydd angen gweisg i ledaenu'r cyffro. Roeddwn yn edmygydd llwyr o gyfraniad Y Lolfa yn y chwyldro ieithyddol ers blynyddoedd. Roedd gweisg modern yn cael eu rhedeg gan genhedlaeth newydd o argraffwyr mewn nifer o ardaloedd yng Nghymru – ond nid oedd y chwyldro hwnnw wedi cyrraedd Dyffryn Conwy eto. Yn raddol, daeth darnau o feddyliau oedd wedi bod yn crynhoi ers rhai blynyddoedd at ei gilydd a chreu breuddwyd. Breuddwyd ffŵl, efallai.

'Un o'r rhein wyt ti isio'

'Pam nad ei di i weld yr hen Tom Harrison?' Mae'n rhaid fy mod wedi crybwyll yr hanner syniad gwallgof wrth Dewi Llawrynys, y ffermwr moch a drodd at gynhyrchu Pero yn ddiweddarach. Band un dyn yn argraffu ar hen beiriant leterpres mewn sied wrth ei dŷ ym Metws-y-coed oedd Tom Harrison. Argraffai gardiau busnes a thaflenni o bob math at alwad gwestai a thai gwely a brecwast Betws yn bennaf.

Mi gefais groeso mawr gan Tom a bûm yn ymweld ag o'n gyson yng ngwanwyn 1980 ar ôl mynegi'r awydd oedd yn dechrau gwreiddio ynof. Gosod pob llythyren â llaw gan ddefnyddio darnau plwm oedd system Tom – roedd ganddo ddroriau niferus o gêsus llythrennau, pob maint a phob ffont. Monoteip yw'r term ar y system – proses lafurus ond rhad iawn i'w rhedeg ar ôl prynu'r holl lythrennau. Roedd y llythrennau plwm yn cael eu hel at ei gilydd, eu gosod fesul llinell mewn 'gwely', lein efydd o wahanol drwch rhwng pob llinell a'u cloi i ffrâm – edrychai'r gwaith cysodi fel stamp rwber, gyda'r holl lythrennau tu ôl ymlaen. Taro'r ffrâm ar beiriant platen, honno'n incio gyda roleri syml ac yn 'gwasgu' ar y papur neu'r cerdyn. Roedd y dechnoleg wedi diweddaru rywfaint ond yr un egwyddor oedd hi â gwasg Gutenberg yn 1440.

Roedd Tom yn grefftwr. Roedd wedi bwrw prentisiaeth saith mlynedd mewn gwasg fechan debyg yn Stryd Ddinbych, Llanrwst. Gallai ddarllen y llythrennau tu-chwith-ymlaen cyn gyflymed ag y medrwn i ddarllen y papur; gallai hel teip at ei gilydd yn gynt nag y gallwn i deipio.

'Mae off-set leiddo yn iawn,' oedd cyngor Tom. 'Ond be wnei di tasa rhywun isio cerdyn busnes neu docyn cyngerdd? Gneud plât a'i luchio fo? Fasa'n well iti feddwl am gadw at yr hen drefn ar gyfer petha felly? Un o'r rhein wyt ti isio.' A nodio at ei beiriant platen o ddechrau'r ganrif yr oedd wedi'i haddasu i weithio ar fotor trydan.

A dyna ddechrau'r mwydro mawr.

Beth oedd manteision ac anfanteision y gwahanol ddulliau a'r gwahanol beiriannau argraffu? Roedd Ted Jennings yn berchen argraffdy tebyg yn Stryd Helyg, Llanrwst – fo fyddai'n argraffu llinellau Cymraeg ar gardiau cyfarch plaen i siop Mam, argraffai bosteri â llythrennau bloc pren a holl anghenion argraffu traddodiadol tref farchnad a'i chymdeithasau. Byddai yn ei weithdy am saith bob bore ac roedd yntau yn grefftwr hyd flaen yr inc o dan ei ewinedd.

Dull 'modern' o argraffu oedd off-set leiddo bryd hynny, er bod yr egwyddor o losgi llun gydag asid ar garreg 'leiddo' yn hen iawn. Yng nghanol yr ugeinfed ganrif, chwyldrowyd y broses drwy ddefnyddio ffotograffiaeth – roedd modd teipio teip, gosod penawdau gyda letraset neu beiriant stafell dywyll, creu sgwigls gyda ffelt pen, gadael ffenest ddu i lun a tharo'r cyfan o dan gamera arbennig ar goesau mewn stafell dywyll. Byddai ffilm fflat maint A3 neu *'half crown'* (20"x15") yn cael ei fwydo i dop y camera a lampau'n cael eu cynnau ar y 'gwaith celf'. Diffodd y rheiny ar ôl 15-20 eiliad a datblygu'r negydd mewn padelli o ddatblygydd a fficsar. Sychu'r negydd, ei daro ar focs golau a 'sbotio'r' tyllau llwch gwyn oedd ynddo gyda hylif coch, opêc a lifai o ryw fath o ffelt pen. Byddai'r negydd erbyn hynny yn stensil ffilm o'r gwaith celf – y teip a'r sgwigls yn wyn, a'r cefndir yn ddu. Os oes llun i'w gynnwys yn y gwaith argraffu, ei tônio gyda sgrin yng nghefn y camera, a'i daro wedyn yn y ffenest wen yn y negydd. Mae'r stensil ffilm yma yn cael ei osod ar blât alwminiwm gyda chroen arbennig arno – o losgi golau gan lamp ultra-fioled drwy'r stensil, mae rhannau golau'r ffilm yn caledu ar y plât. Golchi'r gweddill oddi ar wyneb y plât a dyna'r gwaith celf bellach yn ymddangos ar yr alwminiwm.

Taro'r plât ar beiriant silindr crwn, gyda chymysgedd o inc a dŵr yn cael ei rowlio drosto. Mae'r plât yn gwasgu'r argraff ar flanced rwber – mae'r gwaith celf tu chwith ar hwnnw wrth gwrs. Mae papur yn cael ei fwydo rhwng y flanced rwber a'r silindr isaf – bydd y celf tu chwith yn cael ei argraffu'r ffordd iawn unwaith eto ar y papur. Mae dau argraffiad yn digwydd yng nghrombil y peiriant leiddo – dyna pam y'i gelwir yn 'off-set'.

Ted Jennings a'i hen wasg leter-pres yn ei weithdy yn Stryd Helyg, Llanrwst

Mantais fawr y broses leiddo yw ei fod yn hyblyg – gellir argraffu lluniau, ffotograffau, teip ar osgo, unrhyw beth sydd ar y gwaith celf. Gellir ychwanegu lliwiau heb fawr o drafferth. Y canlyniad oedd chwyldro mawr mewn diwyg a lliwiau posteri, cloriau recordiau, cloriau llyfrau a phopeth arall bron. Yn y cyd-destun Cymraeg, agorodd y drws i'r papurau bro – criw brwd o deipwyr a phastwyr, cardiau gyda ffrâm o linellau melyn arnyn nhw a dyna dudalen o bapur bro wedi'i gosod yn rhad iawn yn barod i'r wasg.

Anfantais y dull ydi mai unwaith y gellid defnyddio pob ffilm a phlât. Mae costau cychwynnol ar bob joban. Mae angen ystafell dywyll, offer cysodi a pheiriant argraffu.

Mantais yr hen leter-pres ydi bod yr un llythrennau plwm yn cael eu defnyddio dro ar ôl tro ar ôl tro. Yr anfantais ydi bod rhaid gyrru pob 'gwaith celf', boed lun neu logo, i gwmni ysgythru i wneud 'bloc' metel ohono cyn y gellid ei argraffu. Mae'r teip yn gaeth i linellau sythion, mae'n anodd os nad yn amhosib creu blociau helaeth o liw ac mae'r diwyg yn hen ffasiwn.

Hofran

Roeddwn i'n ansicr iawn ohonof fy hun yn y cyfnod hwnnw. Rhai ffrindiau coleg yn meddwl 'mod i'n wallgo yn meddwl am dynnu'r ffasiwn waith i 'mhen; Mam yn gwrando'n ofalus, ddim yn dweud llawer ond 'Nhad yn meddwl y buasai'n well imi fynd yn brentis i wasg arall am rai blynyddoedd – gweithio yn gyntaf a mentro wedyn os oedd yr awydd yno o hyd.

Roedd gan Idwal Jones, Llanrwst – y pregethwr poblogaidd ac un a fu'n cyboli gyda sawl menter gwneud pres – weithdy bach silc sgrin mewn tŷ teras i lawr y cefnau o siop Mam yr adeg honno. Roedd yn argraffu englyn 'Y Ci Defaid' ar fatiau bwrdd a phethau felly. Annog roedd o. 'Un serth ydi ysgol brofiad – ond mae hi'n rhatach na mynd i goleg,' oedd ei gyngor o. 'Pam nad ei di i weld rhai o'r hogia ma sy'n printio – maen nhw'n betha digon clên wsti.'

Dyna wnes i'r gwanwyn hwnnw. Digon o ben blaen, peidio â ffonio cyn mynd, dim ond cnoc ar y drws ac i mewn a dweud 'mod i am sefydlu gwasg yn Llanrwst. Roedd Idwal yn llygad ei le – mi gawn groeso ym mhobman ac roedd yr argraffwyr wrth eu boddau'n sôn am eu gwaith a'u peiriannau. Roedd gan bob un ei system ei hun, yn ei chanmol i'r cymylau gan ddweud na fedren nhw feddwl fod unrhyw system arall o werth yn y byd. Roeddan nhw'n iawn hefyd, bob un ohonyn nhw – roedd gan bawb ei system o beiriannau oedd yn addas i'w gwaith a'u gweithdai nhw. Ond pa system fyddai orau i mi?

Bandiau un dyn oedd rhai. Roedd R. W. Griffiths, Corwen wedi bod yn gysodydd leinoteip ar bapurau Fleet Street. Mi brynodd un o'r peiriannau anhygoel hynny – peiriant sy'n teipio ar blwm poeth a chreu 'slyg' o deip un llinell ar y tro ydi leinoteip – ac agor gweithdy yng

Nghorwen. 'Un o'r rhain wyt ti isio,' medda fo, gan ddangos mor chwim roedd o'n gosod taflen briodas gyfan ar y leinoteip. 'Dyna fo – mae o'n barod i'w argraffu. Wedyn mi fydda i'n toddi'r holl blwm a'i ddefnyddio fo eto.'

Rhyfeddol – ond ble cawn i beth felly a phwy ddysgai fi ac ai dyna'r math o argraffu byddai cwsmeriaid yn fodlon ei dderbyn mewn deng mlynedd? Roedd Richard Trefor Williams yn prentisio'i fab, Glyn mewn argraffdy yng nghefnau'r Stryd Fawr yn Nhreffynnon. Leter-pres eto, monoteip y tro yma – roedd Trefor o Dan y Bwlch, Llithfaen yn wreiddiol, wedi'i brentisio yng Ngwasg yr Arweinydd, Pwllheli am saith mlynedd ac yna wedi mynd i'r môr, yn argraffydd papur newydd dyddiol, bwydlenni ac ati ar longau pleser yr *Empresses Canadian Pacific*.

'Ydi'r gwaith gosod 'ma ddim yn cymryd llawer o amser, un llythyren ar y tro?' holais.

'Taflenni angladda dan ni'n eu gwneud fwya. Does 'na neb ffor'ma fedar sbelian yn gywir yn Gymraeg ac mae'r gweinidogion i gyd yn mynnu mai ni sy'n cael y gwaith argraffu. Be 'dan ni'n neud ydi cadw'r emynau i gyd yn eu blociau a dim ond newid yr enwau a'r manylion ar y daflen bob tro. Dyma nhw yli' – a dangosodd wlâu o emynau ar silffoedd metel – 'y rhein ydi Top Ten emynau claddu sir y Fflint!'

Roedd ambell le yn codi ofn a chodi'r felan arna i – gweisg argraffu anferth fel hen beiriant *Y Faner* yng Ngwasg y Sir yn y Bala; horwth o beiriannau yn Sackville Road, Bangor; honglad o le yn llawn hanes yng Ngwasg Gee. Roedd fy nghalon i'n mynd yn llai wrth weld y fath ryfeddodau.

Tua'r gorllewin o Lanrwst, roedd fy ysbryd yn codi eto – Dafydd Mei yn dangos mor syml oedd cysodi papurau bro, llyfrau a'r cylchgrawn *Pais* gyda pheiriannau ysgafn, cyfoes mewn stafell byngalo bach yn y Dolydd ger Caernarfon.

Doedd dim byd iddi, meddai Mei – dos amdani, gwna chydig o lyfrau bro ac mi werthan yn iawn.

Cysodi ar gyfer off-set leiddo fyddai Mei a golwg eithriadol o brysur ar bawb yno. Argraffdy Arfon ym Mhen-y-groes oedd yn argraffu'r rhan fwyaf o'i waith – a'r berthynas yn gweithio'n dda. Dim ond argraffu roedd Bleddyn Jones yn Argraffdy Arfon – gan anfon pob gwaith cysodi at Mei. Saer coed oedd ei grefft, carafaniwr o fri, gwirionwr ar hen geir – ac un oedd yn altro'i beiriannau mewn ffordd wreiddiol er mwyn eu cael i droi yn gynt neu i oresgyn problemau. Cwt bychan ym mhen draw'r stad ddiwydiannol oedd ganddo fo a thri o hogiau ifanc yn gweithio efo fo – Garym yn stafell dywyll, Steven ar y Rotaprint a'r annwyl Gwilym Samuel yn hel a styffylu.

Helo fawr gan Bleddyn pan eglurais fy neges. Croeso cynnes a thaith sydyn o gwmpas yr hogiau. 'Mae 'na werth £20,000 o beiriannau yma. Mi brynson ni'r wasg yn rhan o bartneriaeth efo Eirug Wyn ac Elfyn Llwyd ddwy flynedd yn ôl a chwarae teg iddyn nhw, dydyn nhw ddim wedi dal yn ôl rhag buddsoddi mewn peiriannau newydd. Dwi'n chwilio am beiriant argraffu newydd rŵan.'

Gan ychwanegu, 'Gei di brynu'r Rotaprint 38/50 yma gin i. Gymri di o?'

Ior a Mam, 1948

Y Naid

Mi all rhywun ffidlan efo breuddwyd ar hyd ei oes, heb orfod gwneud dim amdani. Mwya' sydyn roedd yn rhaid i mi wneud penderfyniad ac roedd amser yn pwyso. Eto, dyna'r wasgfa orau roedd ei hangen arna' i y Mehefin hwnnw.

Roedd y grant myfyriwr ymchwil wedi dod i ben. Mi allwn fyw o'r llaw i'r genau ar fanion yma ac acw ac roeddwn i wedi cael addewid am dipyn o waith cario bêls o ganol y mis ymlaen gan hogia Pennant, £2 yr awr a pheint yn Cwîns wedyn. Mi enillais gan punt i'w rannu gyda Geraint Løvgreen am Gân i Gymru fis Mai, ond roedd hwnnw wedi diflannu ar y trip i Killarney. Roedd y car yn groc – wedi wythnosau trafferthus, roedd Ags Garth Hebog wedi gosod injan ail-law ynddo, ond ychydig funudau yn ddiweddarach mi ges ddamwain yn erbyn landrofar Dei Bryniog. Trwsiwyd y bonet, y wings a'r pen blaen gyda thipyn bach o waith trosol, ond roedd ei olwg yn tynnu sylw'r Cyfeillion Gleision. 'Hei, Myrddin ap, mae dy Gortina di wedi troi'n Gonsartina,' fyddwn i'n ei gael gan hogia'r clwb rygbi. Y dyfodol o Awst ymlaen – pur ansicr.

Ond roedd cynnig Bleddyn ar blât o fy mlaen. 'Ddysgwn ni chdi sut i'w weithio fo yn fa'ma. Fyddi di mond angen y peiriant argraffu wedyn – mi gei di ddod i fa'ma i wneud dy blatiau a phrynu dy bapur nes bydd gen ti stafell dywyll a gilotîn dy hun. Pedair mil am y Rotaprint – be ti'n ddeud?'

Ar fy ffordd o Ben-y-groes, mi alwais heibio fy ewythr Iorwerth ac Irene yn Rhyd-ddu. Roedd y ddau ohonyn nhw wedi rhoi'r gorau i swyddi da yn Toronto er mwyn dod yn ôl i Gymru i roi magwrfa Gymreig i Aled, oedd newydd ei eni yng Nghanada ar y pryd. Heb dŷ na gwaith, roeddan nhw wedi cymryd clamp o naid ac ar ôl rhai misoedd wedi prynu busnes cardiau Cymraeg Cyfres Eryri ac wedi rhoi llewyrch arno.

'Gei di ddod i aros gyda ni tra byddi di'n gweithio yn Argraffdy Arfon,' oedd cynnig Ior. 'Rwyt ti'n sengl, heb forgais, heb deulu – does gen ti ddim cyfrifoldeb at neb ond atat ti dy hun. Hwn ydi'r amser gorau iti – cer amdani was.' Bu ffydd a chefnogaeth Ior yn allweddol imi bryd hynny – fedra' i fyth ddiolch digon iddo.

Ffonio Bleddyn drannoeth gan ddweud fy mod o ddifri. Roedd Bleddyn wedi trafod efo'i bartneriaid ac roeddan nhw'n cynnig creu cwmni ar y cyd efo fi – y pedwar ohonom i roi £1,000 yn y busnes ac yna'r Rotaprint i ddod i Lanrwst. Minnau i rannu adnoddau Argraffdy Arfon – £5 y plât a thalu am bapur yn ôl y galw. Mi allwn dynnu £150 yr wythnos i fyw arno ac mi fysan yn buddsoddi mewn mwy o beiriannau wrth i'r olwynion droi.

Llamodd rhywbeth y tu mewn i mi – roedd y cyfan mor bosibl ac o fewn fy nghyrraedd. Gofynnodd Bleddyn imi chwilota am adeilad addas yn Llanrwst. Doedd hynny ddim yn hawdd – doedd dim stad ddiwydiannol na dim o'r fath yn y dre bryd hynny. Holi a chwilio a Mam yn ffonio'r Cynghorydd Rhys Hughes. 'Beth am yr hen ffatri deganau yn Nheras Owens – mae'r Cyngor wedi'i phrynu er mwyn ei thynnu i lawr i godi tai hen bobl yn Nhan-y-graig. Ond fydd dim byd yn digwydd am rai blynyddoedd eto. Mi drefna i gael goriad iti gael golwg ar y lle.'

Yr hen ffatri deganau! Roedd honno yn y stryd gefn y tu ôl i siop Mam ac wedi bod yn destun rhyfeddod i ni yn blant. Tai teras wedi'u huno i greu ffatri o fân stafelloedd yn llifio, ffitio a phaentio teganau pren fel fferm, garej, sw ac ati oedd hi nes iddi gau ar ddechrau'r 1970au.

Roedd yn rhyfedd cerdded drwy'r stafelloedd gweigion. Ddim hollol wag chwaith – drysau, leino, ambell fwrdd. Daeth rhywun o adran adeiladau'r Cyngor heibio i'w harchwilio – roedd y lle wedi'i gondemnio a chawn i fyth hawl i'w ddefnyddio. Ond roedd 'na gwt brics to sinc yn y gwaelodion – ger is-orsaf drydan y dre. Roedd yn bosib i mi ddefnyddio hwnnw ond i mi drefnu efo Manweb i gael fy nghyflenwad fy hun. Dim dŵr na thŷ bach. Prydles o £260 y flwyddyn.

Mi gedwais gopi o'r allwedd a dychwelyd yno dro ar ôl tro i synfyfyrio. Roedd yna dyllau yn y ffenestri, roedd y to yn gollwng, roedd llanast a llwch ym mhobman a llawr concrid garw dan draed. Ond diawcs, mi ro'n i'n syrthio mewn cariad efo'r lle!

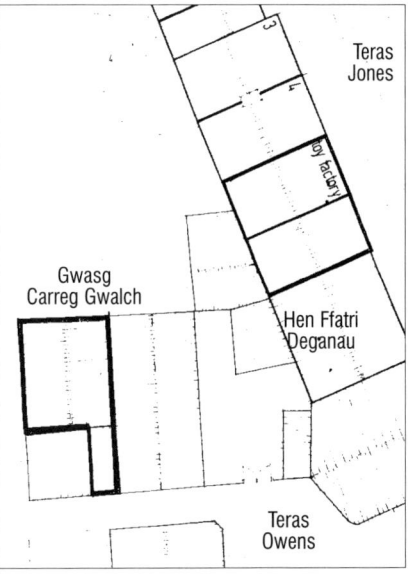

Cynllun adeilad cyntaf y wasg yng nghefn Stryd Watling

Lle cawn i fil o bunnoedd? Fyddai 'Nhad ddim yn fodlon – roedd yn fy ngweld i'n chwarae byw yn lle chwilio am waith go-iawn. Roedd dwylo Mam wedi'u clymu. Mi allwn fynd at Tom Williams yn y Midland yn y dre – gŵr y mae gen i barch mawr ato o hyd a'r un ddwedodd galon y gwir wrtho i pan oedd gen i ddyledion myfyriwr a phan gyfaddefais wrth y ddesg o'i flaen nad oedd gen i fawr o flas at waith academaidd: 'Cofia di Myrddin, mae pawb mor ddiog ag y mae o'n medru fforddio bod'.

Cyrhaeddodd cytundeb y bartneriaeth rhyngof â thriawd Argraffdy Arfon. Pryd caen nhw ddod draw i weld y cwt? Lle cawn i fil o bunnoedd?

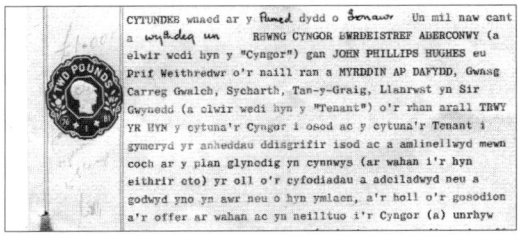

Band Un Dyn

Mae'n rhaid mod i'n trafod fy materion ariannol yn bur gyhoeddus bryd hynny. Y cyngor gefais i uwch meild y Cwîns oedd: 'A partnership is a ship that never sails – well iti fod yn fistar arnat ti dy hun. Gweithio i chdi dy hun maen nhw'n ei alw fo – ond y gwaith ydi'r mistar yn y diwedd a chei di ddim mistar cletach na hwnna. Eto chdi fydd pia fo.'

Roedd y Cwîns wrth yr orsaf yn Llanrwst yn un o'r tafarnau lle caet ti wybodaeth am bopeth a chymorth ar bob dim bryd hynny. Tafarn Gymraeg lle'r oedd y wlad a'r dre yn cyfarfod wrth y bar lle'r oedd Wmffra a Rita yn teyrnasu, gyda Wmffra Mawr a Nan yn y cefndir. Plymar, saer, mecanic, contractor amaethyddol, labrwr, ffôn, trydanwr – roeddan nhw yno i gyd a phawb yn barod â'i ffafr a'i gyngor. Y Cwîns oedd Gŵgl yr oes honno ac mi gefais goleg busnes gwych yno.

Dangosais gytundeb y bartneriaeth i Ior a chynghorodd yntau fi i bwyllo ac i fynd draw at Robyn Léwis yn Nefyn am gyngor. Roedd Ior yn ei nabod ers dyddiau canfasio dros y Blaid yn Arfon a chwarae teg i Robyn, cefais gyngor rhad ac am ddim yn y fan a'r lle ar ei aelwyd un bore Sadwrn. Darllenodd y ddogfen a'i rhoi yn ôl imi.

'Beth fydd gwerth y busnes ymhen tair blynedd?' Doedd gen i ddim syniad debyg iawn.

'Beth bynnag fydd o – ddwedwn ni £20,000 – dim ond ei chwarter fydd yn eiddo i ti, er mai ti fydd wedi gweithio yno a'i godi ar ei draed. A hynny ar fuddsoddiad o fil yr un gan y tri arall. Tawn i'n dy le di, mi fyddwn i'n ailgysidro.'

Roedd Ior wedi ystyried rhoi benthyg i mi er nad oeddwn i wedi gofyn iddo hyd yn oed – ond fedrai o ddim am fod ei arian wedi'i glymu yn ei fusnes ei hun. Ond roedd wedi cyflwyno fy achos ger bron Mair a Nesta, ei chwiorydd ef a Mam, oedd yn byw yn hen gartref y teulu yn Nhŷ Croes, Rhydaman, ac roeddent yn fodlon fy helpu – roedd y ddwy yn ddi-briod ac newydd dderbyn taliadau ymddeol o'u gwaith yn y gwasanaeth iechyd. Mi fyddai Ior yn trefnu'r cyfan ar fy rhan – llog isel, taliadau misol o £83 dros bum mlynedd o Ionawr 1981 ymlaen, ac er mai cymwynas deuluol oedd hon, byddai'r cyfan yn drefnus ac ar bapur. Fyddai yna ddim cyflog imi, ond doedd gen i run p'run bynnag ac roeddwn i wedi arfer byw ar y gwynt.

Roedd y maen wedi'i godi oddi ar fy ngwddw. Daeth Bleddyn ac Eirug draw i weld y cwt. Canmolai'r ddau y potensial a theimlwn yn anghyfforddus iawn wrth drio torri'r newydd wrthyn nhw am y cynllun ariannu newydd. Oni bai am gynnig Bleddyn, fyddwn i ddim wedi magu'r plwc i dderbyn yr her. Ond nid partneriaeth oedd y penderfyniad.

'Rwyt ti'n dal isio'r Rotaprint?' holodd Bleddyn yn ddi-lol.

Ysgwydwyd llaw ar £4,000 a bod Argraffdy Arfon yn talu am un gwasanaeth olaf y peiriant a'i ddanfon i Lanrwst. Doedd gen i ddim calon i fargeinio. 'Wela' i ddim bai arnat ti am wrthod partneriaeth,' ddwedodd Bleddyn chydig wedyn. Mae'n rhaid fod ei feddwl yntau'n mynd i'r un cyfeiriad oherwydd ychydig yn ddiweddarach mi brynodd siariau y ddau arall yn Argraffdy Arfon a'i droi yn fusnes iddo'i hun.

Cyrhaeddodd Rotaprint newydd i Ben-y-groes a gwnaed lle iddo wrth ochr darpar beiriant cyntaf Carreg Gwalch. Roedd gen i enw ar y wasg ers misoedd. Mae craig noeth yn britho i'r wyneb rhwng y coed ar y llechwedd y tu ôl i Gastell Gwydir yn Nyffryn Conwy. Gwydir oedd hen gartref Hywel Coetmor, brawd Rhys Gethin ac un arall o brif gapteiniaid Glyndŵr. Ar ôl dyddiau'r gwrthryfel, bu llawer o Gymry yn byw ar herw yn y coedwigoedd yn rhydd o afael cyfraith y Sais, a'r enwocaf oedd Dafydd ap Siencyn

Y fynedfa i'r hen gwt a ddaeth yn gartref cyntaf i Wasg Carreg Gwalch

a'i ddilynwyr oedd yn byw mewn ogof yng nghlogwyn Carreg y Gwalch. Cynhaliodd y fflam a bu'n ddraenen yn ystlys y gyfraith estron. Roedd yn bencampwr ar y bwa saeth ac roedd Emrys Evans, Blaenau Ffestiniog wedi cyhoeddi straeon rhamantus amdano yn *Cymru'r Plant* – y rheiny oedd fy hoff straeon yn fy ngwely'n sâl o'r ysgol ers talwm, a finnau'n medru gweld Carreg y Gwalch o ffenest fy llofft. 'Dipyn o Robin Hood Cymraeg' oedd fy esboniad. 'Cymryd oddi ar y cyfoethog a rhannu ymysg y tlawd fydd nod y wasg!'

Daliwn i alw heibio'r gweisg. Dangosodd Hywel y Gadlas yn ei argraffdy garej sut roedd o wedi weldio darnau ar ei Rotaprint er mwyn gwella ansawdd argraffiad ei silindr isaf. Cefais lwyth o enwau cyflenwyr defnyddiol gan Gerallt, Gwasg Gwynedd: 'Mae hwn yn hen foi iawn, ond paid â thwtsiad hwnne' – cynghorion amhrisiadwy. Ffermwyr oedd hefyd yn argraffu oedd Gwilym ac Adrian,

Penrhyndeudraeth gyda'r wasg yn un o'r cytiau allan. 'Gen i hen staplar troed segur – wyt ti isio fo?' 'Faint?' 'Rho di gynnig.' Ddechreua i ddigon isel, meddyliais ac awgrymu deg ar hugain. Cyn i'r geiriau orffen treiglo dros fy nhafod, roedd Gwilym wedi saethu 'Pymtheg ar hugain' ataf. Dyna'i chlensio. Roeddwn i'n un dyn efo dau beiriant.

Treuliais fis yn codi bêls bob yn ail ag aros ar aelwyd Iorwerth ac Irene ac ymarfer trin y Rotaprint ym Mhen-y-groes. Gwelais Arthur Morgan, Penmachno a golygydd *Yr Odyn* ddechrau Gorffennaf. 'Fyddi di'n barod i argraffu'r *Odyn* fis Medi?' Contract misol heb fod mor hy a gofyn amdano. Roedd gen i ddyddiad i anelu ato. Dyma roi rhag-hysbyseb 'gwasg newydd' yn *Yr Odyn*, rhifyn Gorffennaf – tydw i byth wedi derbyn bil gan y pwyllgor.

GWASG
CARREG GWALCH

ARGRAFFDY NEWYDD SBON ....
.... YN LLANRWST

Pob math o wasanaeth argraffu –
cymdeithasau'r ardal;
anghenion busnes;
gofynion personol.

Hefyd llyfrynnau, papurau bro, calendrau, tocynnau raffl etc.

Prisio Rhad ac am Ddim

CYSYLLTER A : Myrddin ap Dafydd, Sycharth,
Tan y Graig, Llanrwst.
(ffon - Llanrwst 640493 yn ystod y dydd)

GWASANAETH I'R ARDAL ....
.... YN YR ARDAL

Arthur Morgan Thomas, golygydd Yr Odyn

Twtio'r Cwt

Roedd yn rhaid gwneud rhywbeth am gar gan ei fod yn costio mwy mewn dirwyon nac am betrol erbyn hynny. Cael hanes Escort estêt yn Cesarea a llwyddo i wasgu'r pris i lawr i £390. Mi fyddai car dibynadwy yn hanfodol i'r fenter.

Daeth cynigion gwaith yn sgil yr hysbyseb yn y papur bro. Mam oedd fy ysgrifenyddes ddi-dâl i ac roedd hi wedi cyffroi yn arw pan roddodd fanylion cerdyn busnes gwely a brecwast ffermwraig leol imi. Roeddwn innau wedi cynhyrfu'n racs. Mi fues i'n troi a throsi drwy'r nos yn meddwl sut ddown i i ben â thaclo'r fath gontract anferthol. Tom Harrison ddangosodd imi sut oedd gwneud yn y diwedd ac ar wasg leter-pres ym Metws-y-coed yr argraffwyd y joban gyntaf. Roedd eraill yn dangos diddordeb. Roedd rhaid imi hel fy nhraed.

Wythnos yn Eisteddfod Dyffryn Lliw i ddechrau – wythnos o raghysbysu pawb roeddwn i'n ei nabod o'r fenter fawr oedd ar droed. Roeddwn i'n cerdded fel cawr o ddydd Llun tan ddydd Iau, ond roedd rhaid i mi ei throi am adref ddydd Gwener er mwyn bwrw i'r gwaith. Dyma'r crynu yn dychwelyd.

Roeddwn wedi cael cynnig benthyca yn ddi-amod beiriant leter-pres Arab yn gweithio gyda throed gan Palmer a Rhiannon Parry, Llansannan. Roedd Palmer yn fab i deulu'r *Minerva Printing Works*, Pen-y-groes ac wedi cadw peiriannau a theip. Cynigiodd y cyfan imi. Roedd yr Arab yn ddarnau ar lawr hen gapel ger Llansannan a'r teip mewn beudy ac yn dail ieir trostynt yn y Talwrn, Môn. Dyna waith cyntaf yr Escortyn – bu'n cario fel mul a gan nad oedd y cwt yn barod, roeddwn wedi codi carped gegin y tŷ yng nghefn y siop a'i droi yn weithdy leter-pres. Llwyddais i roi trefn ar y teip a rhoi darnau'r Arab at ei gilydd heb instrycshyns.

Y Rotaprint yn sefyll ar lwyfan concrid Wyn Ty'n Pant

Dechreuais ddysgu gosod mewn monoteip a mynd â'r fframiau i'w hargraffu at Tom Harrison tra oedd rolars inc y peiriant yn cael eu hail-leinio gyda thrwch newydd o rwber yn Lerpwl. Gwelodd 'Nhad y llanast yn ei dŷ ac aeth yn wallgo! Ond roedd Mam yn dal i hel archebion ac yn caniatáu imi ddefnyddio ffôn y siop fel rhif busnes.

Roedd yn rhaid i mi droi'n labrwr am sbelan. Bu criw'r Cwîns yn gefnogol iawn – cefais ddeg o shitiau sinc hirion o ansawdd uchel gan Emrys Gosen am £1 yr un i ateb problem y to; daeth Wyn Ty'n Pant i goncritio llwyfan gwastad i'r Rotaprint ar ôl ymarfer rygbi gan anghofio gyrru bil; daeth Eryl Pi i fy helpu i hel popeth o werth o'r hen ffatri deganau i ddodrefnu'r hen gwt trydan, creu silffoedd o hen goediach a styllod, gosod drysau a chreu palis i greu swyddfa fechan yn y gongol; daeth Clwyd Êl i weirio, gan ddod â switsus a mêns a chêbl oedd wedi 'ymddeol' o Atomfa Traws efo fo a daeth Gwenno, fy nghariad ar y pryd, i baentio'r trawstiau mewn 'mat blac'. Wedi gwyngalchu'r waliau, doedd y lle ddim yn ddrwg.

Bu bron i mi gael damwain na wn i hyd heddiw sut y dois i trwyddi. Roedd Manweb wedi dweud wrtha' i fod yr holl gêbls sbâr oedd yn hongian yn flêr yma ac acw yn hollol farw. Roedd un gêbl trwch dau fys yn niwsans yn y cyntedd hir tywyll at y 'drws ffrynt'. Roeddwn hanner y ffordd drwy honno gyda hacso fawr a dyma 'na goblyn o glec, fflam las hyd braich yn para eiliadau a'r hacso nobl yn dri darn ar lawr. Un o gêbls yr oes o'r blaen – ac roedd hi'n dal yn fyw. Theimlais i ddim byd – ond theimlais i rioed mor lwcus na chynt na chwedyn chwaith.

Fis Medi, cyrhaeddodd y Rotaprint ac roedd y wasg yn troi. Cefais gynnig hen losgwr platiau am ddim gan Robat Gruffudd, Y Lolfa – roedd hynny'n golygu mai dim ond dod â negyddion o stafell dywyll Pen-y-groes oedd raid imi ac y gallwn losgi a datblygu'r platiau fy hun. Cyn derbyn y brydles swyddogol gan adran gyfreithiol Cyngor Aberconwy oedd yn cyfyngu fy meddiant i un stafell a choridor, roeddwn eisoes wedi gwneud twll drwodd i ddwy stafell arall – un i gadw papur a'r llall yn gartref i'r Arab a'r holl deip oedd bellach yn gorfod gadael y gegin yng nghefn siop Mam.

Roedd yn rhaid cael cyllell dorri papur. Roedd un newydd yn £3,000 am rywbeth pur sâl ond cefais hanes hen un haearn bwrw tros gant oed yn troi efo llaw fel mangyl gan Wasg Ffrancon mewn stryd gefn yn Rachub ar y pryd. 'Canpunt, punt y flwyddyn a chdi pia hi,' meddai RAJ, sydd wedi bod yn gymydog triw imi yn y busnes ar hyd y blynyddoedd. Roedd Nant Conwy yn chwarae yn erbyn Bethesda y Sadwrn hwnnw. Tîm fania nid tîm ceir oeddan ni, a thîm un hosan rhwng dau chwaraewr ar y dechrau fel y byddai Eifion Sbýd yn hoff o edliw wrthym. Ar ôl y gêm, daeth y gilotin yn ddarnau mewn dwy fan ac Escort estêt yn ôl i Ddyffryn Conwy, gyda Ken Bryn Ddraenen, Pi, Mei Bryn, Ted Fedw ac eraill yn stryffaglio i roi'r darnau

Y Gwalch, yr Inc a'r Bocsys

Y gilotîn gyntefig o Rachub a'r gornel a fachwyd i greu stafell dywyll gyntaf y wasg

Rhai o'r cwmnïau yr oedd yn cyflenwi'r wasg yn y dyddiau cynnar

echrydus o drwm at ei gilydd hyd berfeddion. Band un dyn oedd y wasg efallai, ond roeddwn yn teimlo bod tîm nerthol y tu cefn i mi.

Y ceiniogau sy'n cyfri

Dei Co-op, hen ffrind ysgol o Benmachno a chyfrifydd yn Llanrwst, roddodd fi ar ben y ffordd gyda materion cadw cownts. Cofrestrais gyda'r adran Treth ar Werth – mae'r rhan fwyaf o waith argraffu yn ddi-dreth, ond mae treth ar bapur, inc, cemegau, platiau aballu, felly roeddwn yn medru hawlio ad-daliad ar y rheiny i gyd.

Costau car a hysbysebion mewn papurau bro cyfagos oedd y gwariannau cyntaf yn Awst 1980; yna inc a phapur a set o rolers i'r Arab am £46.29; hoelion, gwydr a phwti a gwaith gof yn trwsio braich y styffylwr am £4.50. Roeddwn i'n byw ar £60 o bres yn fy mhoced y mis.

Roedd Mei yn gwneud chydig o gysodi ac Anwen Y Glyn, teipydd *Yr Odyn*, yn teipio ambell beth ar ei theipiadur daisy-wheel imi. Cefais hanes plygwr trydan yn cael ei fwydo gyda llaw o Wasg Aeron a chefais fenthyca pic-yp Mazda Mei Bryn am ddim ond pris y dîsl i fynd i'w nôl. Ffoniodd Robat Y Lolfa eto i ddweud fod gan Ned Thomas gysodydd IBM golffbol ar werth am £1,500 – i'r dim i ddechrau arni, oedd cyngor Robat gan fod y golffbols yn rhoi amrywiaeth teip a hwnnw'n deip rhuban carbon o ansawdd uchel, lled arbennig i bob llythyren fel y dylai teip argraffydd fod. Daeth Ned Thomas i fyny acw o Aber yn Ionawr 1981 gan ymddiheuro nad oedd yn ddyn busnes ac nad oedd yn deall dim am fargeinio – £500 i lawr a £100 y mis am ddeng mis oedd y telerau.

Cynigiais £1,200.

'Dydw i ddim wir eisiau gwerthu,' meddai Ned yn fwyn, 'os na cha i £1,500, mi fydda' i'n siŵr o gael defnydd iddo adref.'

Cynigiais dalu £1,200 ar ei ben, y cyfan gyda'i gilydd.

'Dydw i ddim yn deall dim am fargeinio,' meddai Ned

Yn trin yr hen beiriant Rotaprint cyntaf

eto. 'Mae'n debyg bod hynny i fod yn fanteisiol i mi ond dydw i ddim wir angen yr arian ac rydw i'n fodlon disgwyl am ddeng mis am y cyfanswm.'

Cynigiais dalu £1,200 cash iddo.

'Does gen i ddim problem gyda sieciau – mae'n ddrwg gen i, ond dydw i ddim yn ddyn busnes.'

Cafodd Ned bob ceiniog roedd o'n gofyn amdani a hynny ar ei delerau ei hun – roedd o'n ddyn busnes hyd flewyn olaf ei drwyn, ddysgais i!

Roedd gaeaf '80-'81 yn aeaf caled iawn ac er fy mod i wedi cael dau dân nwy fflam noeth am ddim, roedd hi'n costio £13.80 yr un am gelyrnau nwy yn fisol – ffortiwn, heb sôn am y perygl tân yng nghanol y llanast papur. Ar ben hynny, mi dorrais asgwrn yn fy nghoes wrth chwarae rygbi. Chwe wythnos o blastar, dim pwysau i fod arni a dim dreifio. Doedd gen i ddim dewis ond rhoi pwysau arni wrth hercian o gwmpas y Rotaprint ac roedd yr awyr yn reit las pan oedd rhaid cario pacedi anhylaw o bapur o le i le. Doedd gen i ddim dewis ond dreifio chwaith gan fod tripiau i Argraffdy

Arfon yn rhan annatod o lif y gwaith o hyd.

Daeth hi'n amlwg bod rhaid creu stafell dywyll rywsut a chael fy nghamera fy hun. Dyma fachu darn o sied sinc helaeth arall oedd yn taro ar fy nghwt penodedig a chreu palis hardbord o gwmpas y drws. Gosod bwrdd a weirio dau soced drydan; prynu dau gafn hadau plastig i ddal datblygydd a fficsar a chwilio am gamera yn *Exchange and Mart*. Roedd gen i hen blât poeth sychu printiadau lluniau ers fy nyddiau coleg yn cynhesu cafn y datblygydd – roedd y cêbl yn rhaffau mân a'r cyfan yn doji a deud y lleiaf. Mi ges sawl sioc drydan yng nghanol gwlybaniaeth y gwaith, ond mi wnaeth y tro am rai blynyddoedd.

Cyhoeddodd yr *Exchange and Mart* fod Camera A3 ar werth yn ne Lloegr fis Chwefror 1981. Roedd o'n gofyn £1,200 ond mi ddaeth i lawr i £890, gan ei ddanfon 'hanner ffordd' ata i – i Telford. Roedd Arthur Morgan ac Eryl P. wedi benthyca £500 a £700 imi eisoes, ac roedd Arwyn Garth Hebog wedi gaddo rhoi benthyg £300 imi unrhyw bryd y byddwn ei angen. Un dda oedd rhesymeg Ags: 'Gei di fenthyg gen i, a phan fydda i yn chwilio am bres, mi fydda i'n gwybod ble i droi yn bydda?' Wedi cael trefn ar stafell dywyll, roedd y wasg yn hunangynhaliol ac er bod corneli ffilm 'coron' allan o gyrraedd golau camera A3, ac yn tueddu i fod yn welw a chreu argraff 'budur', roedd modd goresgyn hynny drwy gadw teip yn glir o'r corneli.

Roedd y cysodydd IBM yn clecian teipio gen i yn y swyddfa fechan – nad oedd wedi goleuo'n ddigonol o bell ffordd, ac a achosodd ddirywiad sydyn yn fy llygaid. Roedd gen i stafell dywyll, gilotin, argraffydd, plygwr a styffylwr – a chwe mis ar ôl dechrau arni, roedd gen i fformat i ddod â phedwar o gyhoeddiadau cyntaf y wasg i olau dydd.

GWASG CARREG GWALCH

Llanrwst,
Gwynedd.
(0492 641329)

Dramâu yn eich llaw

Roedd pawb yn dweud wrtho i nad oedd cyhoeddi dramâu yn talu – doedd yr un cyhoeddwr wedi mentro i'r maes ers pymtheng mlynedd ar wahân i Wasanaethau Gwirfoddol Clwyd oedd yn teipio copïau ar stensil A4, eu dyblygu a'u benthyca i gwmnïau am dâl isel. Ond eto roedd cwmnïau drama yn codi ym mhob pentref yn ardal *Yr Odyn* yn niwedd y 70au – fel mewn sawl dalgylch papur bro arall – ac yn cynnal gŵyl i godi arian i gynnal y papur.

Roedd gen i gysylltiadau gydag amryw o gwmnïau a dramodwyr ers fy ngwaith ymchwil, amser maith maith yn ôl. Dyma bostio llythyrau cais at bawb ar fy rhestr, ac enillwyr y Genedlaethol dros y deng mlynedd diwethaf – ac yn fuan roedd gen i bymtheg drama ar fy nesg ac amryw o addewidion. Cefais gymorth amhrisiadwy Idwal Jones i lenwi ffurflen gais am gymhorthdal cyhoeddi Cymraeg oedd yn cael ei weinyddu bryd hynny gan Wasg y Brifysgol. Addewid o £250 y ddrama. Oedd modd gwneud i'r fenter dalu?

Ar un dudalen o bapur coron (h.y. tudalen ddwbwl papur bro) roedd modd argraffu 8 tudalen o ddrama. Argraffu'r ddwy ochr a dyna ichi blygiad o 16 tudalen. Dwy adran 16 tudalen i mewn yn ei gilydd, eu styffylu a'u trimio – a dyna ichi ddrama gyda thudalen 1 a thudalen 32 yn creu clawr papur. Hen ddigon da i ddrama at ddefnydd cast am ychydig wythnosau. Bloc o liw ar dudalen 1 a 32 – byddai'r un plât yn gwneud y tro i bob drama, dim ond newid lliw'r inc yng nghafn y Rotaprint. Mi sylfaenais y patrwm ar lyfryn bach *Hwyl Gyda'r Geiriau* yr oeddwn newydd ei argraffu i Islwyn Iago y Nadolig hwnnw.

Drwy ddefnyddio pedwar plât felly i bob drama, gwelwn y medrwn gynhyrchu 500 o bob drama a'u gwerthu am 50c

Cyhoeddusrwydd yn Y Cymro *i'r cyhoeddiadau cyntaf*

yr un, gan roi breindal o 10% i'r dramodydd a gostyngiad o 43% i ganolfan ddosbarthu Cyngor Llyfrau Cymru i'w danfon i siopau. Cyhoeddi pedair drama ar y tro oedd y bwriad a daeth dramâu cyntaf *Cyfres y Llwyfan* – gwaith Wil Sam, Nansi Pritchard, Ifan Tregaron a minnau – o'r wasg ar gyfer Gŵyl Ddrama'r Odyn, Chwefror 1981. Roedd criw'r drws yn gwerthu copïau ar fy rhan ac arweinydd pob noson yn hwrjo'r dramâu i'r cyhoedd yn ddidrugaredd. Cefais gyhoeddusrwydd da gan *Y Cymro* a'r cyfryngau ac agorodd hynny ddrysau ynddo'i hun.

Cyhoeddwyd pedair arall fis Ebrill a set arall fis Mehefin ac yna casgliad o sgetsus fis Gorffennaf. Roedd Anne Lloyd Morris, Penmachno – merch ysgol a chartwnydd *Yr Odyn* a dylunydd logo'r wasg – yn arlunydd dawnus ac yn cael £20 am set o gartŵns gen i. Cyn y Steddfod ro'n i'n ailargraffu'r dramâu cyntaf ac yn ystyried fy menter gyhoeddi gyntaf yn llwyddiant ysgubol. Cyhoeddwyd tua deg a thrigain o'r dramâu papur hyn dros y blynyddoedd, yna daeth tro ar fyd pan ddaeth copïau cyfrifiadurol yn hwylusach i'w haddasu a'u cylchredeg. Dysgais wers bwysig o'r profiad – mae arbenigo mewn maes arbennig yn talu ar ei ganfed.

Hyd yma, roedd y llyfr derbyniadau yn cynnwys archebion gan griw bychan o gydnabod ffyddlon oedd yn ceisio cefnogi hogyn oedd yn rhoi cynnig arni. Roedd trafferthion gyda phlatiau sâl, cysodi digon amaturaidd, cyllell dorri nad oedd yn berffaith sgwâr a pheiriant argraffu oedd wedi hen weld ei ddyddiau gorau. Eto, roedd gen i gyfeillion triw.

Roedd y platiau EMI yn treulio ar ganol rhediad weithiau a'r print yn gwelwi cyn diflannu'n gyfangwbl. Oherwydd dedlein dynn, a phrinder arian yn y job i ailargraffu, roedd ambell daflen dila gerbron y cyhoedd ac mi gawn dynnu fy nghoes gyda gwên: 'Dew, ro'n i'n meddwl mod i'n mynd yn ddall wrth ddarllen *Yr Odyn* neithiwr!'

Rhaglenni Sioe Ysbyty Ifan oedd fy nghwsmer cyntaf un a bu'r gymdeithas amaethyddol yn gefn mawr i mi yn y dyddiau cynnar. Cyn hir daeth Gethin Clwyd yn drefnydd sir yn Eryri a chefais lawer o waith argraffu gan Ffederasiwn Ffermwyr Ifanc Eryri a chan ADAS yn ddiweddarach. Cofiai hen ffrindiau coleg amdanaf – cefais waith argraffu Eisteddfod Ryng-Golegol Aber 1981 i gyd, penllythyrau UMCA, posteri dawns y coleg. Daeth *Nene*, papur bro Rhosllannerchrugog atom fis Mawrth ac roedd hwn angen ei blygu a'i gasglu yn ogystal. Mi fu rhaid cyflogi Iolo fy mrawd, oedd yn y Chweched Dosbarth ar y pryd, i hel mil o gopïau am £7.50 y rhifyn.

Tocynnau i gymdeithasau, taflenni i fusnesau, argraffu i briodasau – tyfodd y gwaith argraffu bro yn raddol yn ystod y flwyddyn. Cyhoeddais gardiau sgorio chwist Cymraeg ar

Syniad Da

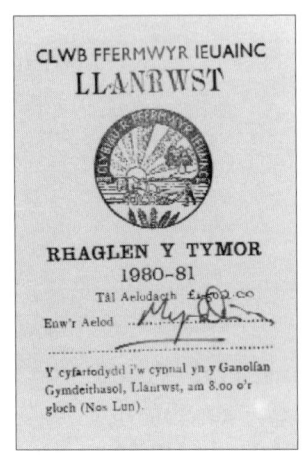

gyfer y nosweithiau hynny sydd mor boblogaidd yng nghefn gwlad, a phosteri 'Cyfarchion y Tymor' a 'Nadolig Llawen' ar gyfer siopau a thafarndai. Roedd hi'n dechrau mynd yn drwm i un dyn oedd yn gorfod rhedeg rownd pob peiriant yn ei dro. Cymerodd wythnos gron o weithio pymtheg awr y dydd dros wythnos y Pasg i mi deipio, cywiro, cysodi, cywiro proflenni, creu platiau, argraffu, plygu, hel, styffylu a thrimio mil o flwyddlyfrau 80 tudalen i Ffermwyr Ifanc Eryri.

Fis Mai daeth galwad gan Osian Wyn, trefnydd y Steddfod Genedlaethol ym Machynlleth yn dweud bod y pwyllgor yn awyddus i weld cyhoeddi'r buddugwyr yng nghystadlaethau cyfansoddi drama hir a chyfieithu drama hir, gan gynnig stondin sengl di-lawr imi ar y Maes am bris gostyngol o £100 pe bawn yn ymgymryd â'r fenter.

Fis Mehefin, daeth Robin Beattie o Bentrefoelas heibio – newydd orffen yn y Coleg Technegol, 17 oed ac yn chwilio am waith ar gynllun hyfforddi ieuenctid. Mi hoffais ei hyder a'i ddiddordeb yn y peiriannau a dyma groesi pont na wnes i rioed freuddwydio y buaswn yn dod yn agos ati – cyflogi.

Fis Awst 1980, cyfanswm y derbyniadau oedd £59.50, gan godi i £246.18 ym mis Medi. Erbyn Awst 1981, roedd y derbyniadau yn £3,460.53. Flwyddyn ynghynt roedd £4,000 yn ymddangos yn fenthyciad oes am y Rotaprint, ond ar ôl deuddeng mis roedd yr hen beiriant trydydd llaw wedi hen dalu amdano'i hun. O ddewis y rhai cywir, ac o gael gwaith i'w bwydo, mi all peiriannau fod yn weision proffidiol.

Bu'r ymateb a'r gefnogaeth ar Faes Steddfod Machynlleth, ac ar daith o amgylch siopau llyfrau'r gogledd yr wythnos ganlynol, yn galonogol iawn.

Ar ben hynny roedd gen i gydweithiwr oedd hefyd yn

gwmni ac yn gefn yn y gwaith. Robin sy'n troi'r peiriannau argraffu a rheoli'r gweithdy o hyd yn y wasg.

*Robin a'i wahanol beiriannau
a chyda'r gôt enwog sydd wedi goroesi'r blynyddoedd!*

O Stondin i Stondin

Uned sengl, llawr glaswellt oedd gan y wasg ym Machynlleth. Roeddwn wedi rhagweld bod angen inni dderbyn £250 arni i wneud iddi dalu. Roedd Bleddyn Argraffdy Arfon wedi ailafael mewn arfau saer ac wedi creu pedwar bwrdd imi er mwyn arbed costau llogi rhai'r Steddfod (rydan ni'n dal i'w defnyddio). Er mai dim ond llwyth optimistaidd o ddramâu, calendr rygbi Cymraeg wedi'i ddylunio gan Anne, llyfr *Ugain o Sgetsus* a mân daflenni cyhoeddusrwydd oedd gen i, roedd yr estêt yn llawn at y to a'i din ar y ddaear wrth adael am y Steddfod. Codi Robin ym Mhentrefoelas a'r ddau ohonom yn y ffrynt fel taen ni mewn cocpit yn uchel uwch yr olwynion. Dyma glec wrth droi allan o Ben-lan, cartref Robin – yr ecsôst wedi dod o'i lle yn gyfan. Roedd hi'n rhy hwyr i wneud dim am y peth – rhuo fel Concord am Ddyffryn Dyfi ac ail-wneud y syms faint oedd rhaid ei dderbyn ar y stondin.

Dwi'n cofio'r blynyddoedd yn ôl y Steddfodau. Er bod fframwaith pob gŵyl yn ddigon tebyg, mae'r amrywiaeth posib o fewn y terfynau yn anhygoel ac yn rheswm dros fynd bob blwyddyn. Mae'n ŵyl ddiwylliannol ac yn ŵyl gymdeithasol genedlaethol – mae llawer o bobl na fydda' i byth yn eu cyfarfod ddim ond yn y Steddfod. Ers Machynlleth, mae hi'n ŵyl fusnes hefyd i mi ac mae bod yn rhan o gymdeithas stondinwyr y Maes yn ychwanegu at y profiad.

Fel un dref farchnad fawr, mae teimlad o undod rhwng stondinwyr yn hytrach na chystadleuaeth. 'Be ydi cyflwr y Maes – Oes 'na fwd?' a 'Sut safle gest ti?' ydi'r holi ar ddechrau'r ŵyl ac yng nghorff yr wythnos ceir sylwadau fel 'Mi wnaeth y gawod 'na amser cinio les mawr – hel pawb i mewn i'r stondinau' a 'Dwi'n meddwl mai prynu cyn mynd adra ddydd Sadwrn y bydd pawb leni.' Mae rhai yn cwyno'u byd waeth sut steddfod fydd hi, ond ar y cyfan criw optimistaidd ac ymarferol ydi stondinwyr y maes.

Dechreuodd Carreg Gwalch gynnal stondin yn Steddfodau'r Urdd o Glynllifon 1990 ymlaen. Dros y blynyddoedd diwethaf Mair a Marian fu'n gyfrifol am drefnu a chynnal y stondin yn yr Urdd ac mae'r Maes hwnnw hefyd wedi datblygu'n arw fel gŵyl deuluol. Roedd hi'n anodd cyfiawnhau presenoldeb yno ugain mlynedd yn ôl ond bellach mae bron cystal â'r Genedlaethol o safbwynt gwerthu llyfrau.

Mi fûm yn lwcus o gael staff rhad eu cadw ar y stondin dros y blynyddoedd gan fy mod yn argraffu'r gyfres chwileiriau *Hwyl Gyda'r Geiriau* i Islwyn Iago, y Cardi sydd wedi cadw'i wisgars clustiau cyhyd nes eu bod wedi bod yn ffasiynol o leiaf ddwywaith yn ystod y deng mlynedd ar hugain diwethaf. Mi allai wneud i'r ffermwr mwyaf garw ffarwelio â phres. Pan fyddwn ar ganol sgwrs efo rhywun ar y stondin, byddai'n stwffio'i ben rhyngom a gofyn:

'Wyt ti wedi cael Rhif Chwech?'

Y peth gwaethaf allai'r sawl gafodd ei gornelu oedd dangos anwybodaeth – 'Rhif Chwech be?' Mi fyddai'r gyfrol ddiweddaraf yn ei ddwylo a fyddai hi ddim yn mynd yn ôl i law Iago wedi hynny. Cledr dan ei drwyn: 'Punt! O, a mae hynny'n golygu nad wyt ti wedi cael Rhif Pump, Rhif Pedwar... Bargen, dau am bris un!'

Y ddealltwriaeth am flynyddoedd rhyngof a Iago oedd ei fod yn cael dod â'i lyfrau i un gornel bwrdd ar y stondin os byddai'n fodlon helpu gyda'r staffio. Ddechrau'r wythnos roedd ganddo stôr o jôcs newydd am beth sydd gyda mwy o dethi na hwch a ballu. Erbyn diwedd yr wythnos, gyda'r bymthegfed aelod o Gôr Merched Seiriol wedi gadael y stondin mewn cwmwl o dân, doedd y jôcs ddim mor ddoniol.

Un arall fu'n was triw am chydig o bres cynhaliaeth Steddfodol o 1984 ymlaen oedd Wil Bodnithoedd. Dirywiai ei lais gan ddiflannu'n raddol at y Sadwrn olaf, ond roedd ei frwdfrydedd am gwmnïaeth a sgyrsiau a thynnu coes yn gwneud y stondin yn lle hwyliog i fod ynddo. Un noson Siôn Corn hir yn para wythnos oedd y Steddfod i Wil.

O Steddfod y Rhyl '85 ymlaen, mi fu John Owen Huws yn stondinwr selog imi – fo oedd golygydd *Llafar Gwlad* ac mi gefais bartner o'r un elfen wrth gydweithio gyda John. Roedd hel dywediadau a ffordd o ddeud pobl wedi bod yn agos at fy nghalon erioed – o'r fan honno y tyfodd y diddordeb mewn drama dwi'n amau dim. Dwi'n cofio hel llond bag o fatiau cwrw gyda llysenwau o wahanol ardaloedd o Gymru gan gyd-fyfyrwyr yn Aber. Pan ddechreuon ni gyhoeddi *Llafar Gwlad*, fy ngwaith pennaf i oedd hel pytiau 'Geirio'n Gam', 'Straeon Gwir' a dywediadau plant i lenwi corneli – ac o sgyrsiau'r stondinau gyda gwahanol gwsmeriaid y daeth llawer o'r rheiny. O Steddfod i Steddfod y gwerthem danysgrifiad y cylchgrawn ac wrth ddod i setlo'r tâl blynyddol, caem sgwrs a chymdeithas a chyfraniad dros bum cant o aelodau bob Awst. Ar y stondin hefyd y byddwn yn cyfarfod awduron a darpar-awduron, yn cynnig comisiynau a thrafod syniadau at y dyfodol. Mae cyfarfod darllenwyr a chlywed barn cwsmeriaid yn hanfodol i unrhyw farchnad. Ar y stondin hefyd, cawn sgyrsiau difyr gydag ymwelwyr o bob rhan o'r byd – Patagonia, wrth gwrs, ond

John Owen Huws, golygydd Llafar Gwlad *ac ysbrydoliaeth gyson y tu cefn i lawer o gyhoeddiadau llên gwerin*

Dwy agwedd ar weithgareddau steddfodol dros y blynyddoedd: gyda Dylan Iorwerth, Guto Eirian a Gari Wyn yn nhîm ymryson y Maes Pebyll, Machynlleth 1981...

...ac un o'r achlysuron prin hynny o wisgo tei adeg seremoni agoriadol 1989

hefyd Eidalwr a Belgiad wedi dysgu Cymraeg, a theulu Theo Verlaan o Fryslân, y cyfan yn rhyfeddu at y diwylliant Cymraeg ac yn ein hatgoffa fod gennym rywbeth i ymfalchïo'n ddiolchgar ynddo.

Newidiwyd yr Esgortyn am fan cyn bo hir, aeth fan yn fan a threlar ymhen blynyddoedd ac yna'n fan fawr wedi'i llogi ac aeth y stondin yn ddwy uned, yn ddwy uned a llawr ac erbyn hyn yn dair uned. Roedd y fan yn westy imi am flynyddoedd hefyd – gan fod nosweithiau'r ŵyl yn mynd fwyfwy ar chwâl, roedd lletty symudol reit handi. Doedd o ddim yn syniad da bob amser chwaith – deffro ym maes parcio Bryn Awelon, Treletert adeg Abergwaun '86 a methu â chael o hyd i'r goriad. Mae'n rhaid ei fod yno'n rhywle, oherwydd roeddwn wedi agor y drws i fynd i fewn iddi. Chwilio a chwalu, ond ofer fu. Cael pas i'r dre a chael benthyg llond bocs o oriadau gan garej Ford (Marina Hotel oedd eto'r fan honno) a bocsaid arall o swyddfa'r heddlu. Pas yn ôl a dim un yn ffitio. Garej Treletert yn rhoi benthyg llafn hacso imi – roedd y lle yn rhy gyfyng i hacso gyfan. Llifio drwy'r clo llywio gan ddefnyddio fy mys i roi pwys ar y llafn. Pothelli mawr a chwysu am dri chwarter awr cyn torri'r llyw yn rhydd. Y mecanic yn creu beipas i weiars y taniwr a llunio pedol o beipen gopr imi – dyna sut rown i'n tanio'r Marina weddill y Steddfod: carreg ar bedal y sbardun, codi'r bonet a defnyddio'r bedol i roi cic drydanol i'r startar. Yr injan yn rhuo, clec i'r bonet a ffwrdd â mi. Dod adref ddydd Sul ac wrth ddadlwytho'r fan yn lân, dod o hyd i'r goriad o dan flancedi'r sach gysgu.

Pan ddechreuwyd yr ŵyl ar ddydd Sadwrn, roedd gofyn am fwy o ymroddiad a mwy o stamina gan stondinwyr. Gallwn fynd â dodrefn ac arwydd a chael trefn go lew yn ystod yr wythnos flaenorol pan oedd y Steddfod yn y gogledd, ond roedd hi'n hirdaith i'r de. Roeddwn yn gyndyn i adael ddydd Gwener yn y dyddiau hynny pan fyddwn yn mynd fy hun – roedd yn well gen i gychwyn yn yr oriau mân fore Sadwrn, gosod y stondin i gyd a chlirio'r fan o'r Maes cyn naw y bore. Cychwyn am hanner awr wedi dau y bore am Gasnewydd '88 ond pyncjar trelar ger yr Amwythig. Colli teirawr yn disgwyl i'r garej cynharaf agor a chyrraedd y Maes drwy dyrfa dew yn edrych fel tarmaciwr Gwyddelig wedi colli'i griw. 'Mae'n rhaid iti godi'n gynt,' meddai Elfed Steddfod wrth basio yn ei siwt!

Dros y blynyddoedd daeth pethau'n haws. Roedd Llio yno yn llywio pethau o Steddfod Abergele '95 ymlaen. Mae'r Steddfod yn gryf yn ei hanian hithau ac mae ganddi'r ddawn o weld be ydi'r problemau a sut mae'u datrys nhw ac roedd hi'n hen bryd cael gwell trefn ar fy Steddfod i. 'Carafan,' meddai Llio, a charafanio fu hi ers hynny – daeth yn wythnos deuluol gyda Carwyn a Llywarch, yr hogiau hynaf, yn medru dod yno gyda ni bob

Gydag Iwan Llwyd ar Faes Cwm Rhymni

Lleucu ac Owain yn hawlio eu cyfran o amser ar gefn Tecwyn druan

blwyddyn o hynny ymlaen. Aeth yn wythnos llai unig i mi yn bersonol – mae'n rhyfedd meddwl bod modd bod yn unig mewn tyrfa ond mi fu hynny'n wir am ambell Steddfod yn y gorffennol. Aeth un teulu yn ddeg i ddwsin o deuluoedd ymysg ein ffrindiau, gyda chymdeithas y plant a'r oedolion yn elwa llawer oherwydd hynny. Cafwyd rota daclusach i staffio'r babell gan noddi cadwyn o fyfyrwyr tlawd i fwynhau'r Steddfod – bu Mari Løvgreen yn atyniad ar y stondin am flynyddoedd cyn iddi orfod ein gadael a mynd i weithio i'r cyfryngau, y gr'aduras! Yna daeth Carwyn a Llywarch a'u cyfeillion i ysgwyddo'r cyfrifoldeb ac erbyn hyn mae to iau, bywiog arall o ieuenctid Pen Llŷn yn cadw bwrlwm y stondin i ffrwtian, gyda Dafydd Rhun yn bâr o ddwylo diogel wrth y llyw.

'*Cyfansoddiadau!*' Dyna ydi'r waedd bob bnawn Gwener o hyd gyda hanner yr elw'n cael ei rannu rhwng y parau o werthwyr ifanc erbyn hyn. Dros y blynyddoedd, arbedodd gwerthiant y *Cyfansoddiadau* sawl wythnos wael rhag bod yn fethiant ariannol ac mae arna i ddyled i'r gyfrol annwyl bob blwyddyn. Mi ddaliodd y stondin ei phen uwchlaw'r dŵr bob tro, a chyda'i chymysgedd o hwyl, diwylliant a busnes, dwi'n dychwelyd ar fy ennill o bob Steddfod bob blwyddyn.

Gliw Poeth

Erbyn Medi 1981, roedd trydydd papur bro yn mynd drwy beiriannau'r wasg – *Y Pentan,* misolyn gwaelod y dyffryn a'r glannau oedd hwn. Roedd hwn yn cynnig her wahanol gan mai'r wasg oedd yn teipio'r cyfan, y pwyllgor yn cysodi ar gardiau fformat pwrpasol cyn dychwelyd y cyfan i'r wasg i'w argraffu. Daeth Alwena Rhiw i'r adwy fel teipwraig ran-amser – awn â'r cysodydd i'w chartref a byddai'n teipio ar ôl rhoi Elen y ferch yn ei gwely gan fyddaru Iori ei gŵr hyd yr oriau mân gyda'i 'tip-tap-tip-tap'. Roedd amser yn gyfyng, y dedlein yn cyfarth a thalwn 50c y golofn iddi am waith glân a thaclus ac amhrisiadwy yn y cyfnod hwnnw. Yn fuan wedyn buddsoddais mewn cysodydd IBM arall o safon uwch – roedd digon o waith i ddau ohonynt ar brydiau bellach. Dyn bach clên ond digri yn Whitchurch – y Dre Wen – oedd yn trwsio a gwerthu'r peiriannau yna imi a'r cyfan fedra i gofio amdano erbyn heddiw, heblaw am ei ofyrôls budur, ydi bod ei falog o wastad yn agored ac y byddai'n mynnu dod i'r drws ar y stryd fawr i fy hebrwng allan o'i dŷ bob amser!

Erbyn Ionawr 1982, wedi blwyddyn o ad-daliadau, teimlwn yn ddigon hyderus i ad-dalu fy nyledion – £500 i Arthur Morgan, £700 i Eryl P., £300 i Arwyn a £3,200 i Mair a Nesta. Er derbyn cyngor i beidio â gwneud hynny gan fod y llogau mor ffafriol, neu'n hollol ddi-log, roeddwn yn teimlo'r taliadau yn pwyso arnaf ac roedd gen i flys clirio'r benthyciadau er mwyn bod yn rhydd i fedru fforddio buddsoddi ymhellach. Roeddem wedi cyhoeddi dwy ddrama hir gan Huw Roberts, Pwllheli yn niwedd 1981 – roedd y rheiny'n rhy drwchus i'w styffylu a bu raid i Robin a minnau fynd â nhw i Wasg y Sir yn y Bala i'w rhwymo gyda meingefn ar beiriant gliw poeth yn fan'no. Bu'r ddau ohonom yn llygadu'r peiriant a holi perfedd yr hogiau amdano a hwnnw oedd y nesaf ar restr siopa Carreg Gwalch.

Ddechrau'r flwyddyn daeth Eluned Ellis Jones, Trefnydd Iaith Gwynedd, i'r cwt yn y cefnau. Er ein bod wedi llwyddo i fachu dŵr drwy gysylltu hen beipen yn y ffatri deganau i dap yn y stafell dywyll a gwagio'r sinc i fwced, doedd y cyfleusterau croesawu ddim yn wych iawn yn yr hen gwt. Daeth Alun Creunant Davies o'r Cyngor Llyfrau heibio i ddymuno'n dda un tro a chafodd ei ddal gan ddau ddrws dwbwl oedd yn agor fel drysau salŵn o'r cyntedd i'r stafell beiriannau. Daeth ei ben i mewn, aeth y ddau ddrws â'i freichiau ar led ac mi adawyd ei goesau hirion ar ôl yn y coridor a bu'n hongian yno fel hamoc am eiliadau.

Ta waeth, dod yno i siarad busnes yr oedd Eluned Ellis Jones. Roedd ganddyn nhw dîm o athrawon wedi bod yn paratoi cyfres o wersi i gryfhau'r Gymraeg yn nosbarthiadau'r sir. Pedwar llyfr *Cyfres y Glannau*, pedwar llyfr athro, y cyfan wedi'i ddylunio a chyfle i ni fel gwasg osod, argraffu a rhwymo'r llyfrau. Y fargen oedd y byddai Cyngor Gwynedd yn prynu 1,000 o bob llyfr a 200 o bob llyfr athro am £1,500 y set dros y ddwy flynedd nesaf, gan roi'r taliad cyntaf ymlaen llaw. Gallwn innau wedyn argraffu mwy a'u gwerthu i weddill y wlad. Fûm i rioed mor falch fod Llanrwst yng Ngwynedd.

Y gair 'rhwymo' oedd yn glynu yn y meddwl. Byddai'n rhaid buddsoddi bellach, a chael trydan thrî-ffês i'r cwt – a da o beth fod y wasg wedi setlo'i dyledion ar y peiriannau eraill. Gair gyda Tom Banc ac mi ges addewid o orddrafft petai angen – ar sail yr addewid o Wynedd am y gwaith hwnnw. Mae gen i hiraeth am y math o gefnogaeth a gweledigaeth oedd yn bod mewn rhai awdurdodau lleol bryd hynny – mae telerau tendro'r oes ôl-ddatganoli yn golygu'n aml mai cwmnïau mawr o bell sy'n dallt y gêm sy'n cael blaenoriaeth ar grefftwyr a chwmnïau lleol. Mae'r

Cynulliad yn agor swyddfeydd 'rhanbarthol' ledled Cymru bellach i ddod â 'llywodraeth yn nes at y bobl' – ond holwch pa gwmnïau sy'n glanhau'r cestyll heirdd hyn a phwy sy'n rhedeg eu meysydd parcio nhw aballu.

Fis Mawrth '82 cyrhaeddodd rhwymwr Sulby Mk II a daeth Gwyn Jôs â'i fforclifft i'w ddadlwytho a'i rowlio i mewn drwy ddrws cyfyng y fynedfa. Gwych o beiriant – trên bach yn cario perfedd llyfr drwy gyllell oedd yn troi'n grwn gan naddu plyg y papur oddi ar feingefn y tudalennau, aredig cwys drwy rowler glud poeth oedd yn codi gliw o grochan toddi 290°C ac yna'n claddu'r perfedd a'r gliw mewn clawr ar ei wyneb gyda chlamp yn rhoi gwasgiad terfynol iddo. Ar ddiwedd y daith byddai gennym lyfr clawr meddal gyda rhwymiad cadarn ond hyblyg. Neu dyna'r nod. Bu'n rhaid arbrofi dipyn gyda phapur dal gliw a gliw dal papur, gwres y gliw rhag iddo orboethi a chracio wrth oeri – ond manion oedd hynny wrth gyfri bendithion y bwystfil newydd oedd bellach yn llenwi cyntedd y wasg. Gallai dau ohonom rwymo tri chant o lyfrau yr awr ac roedd trwch y llyfrau yn cynnig meysydd newydd i'r wasg.

Ers peth amser bûm yn hel deunydd cyfrolau bro am hanes a threftadaeth Dyffryn Conwy at ei gilydd. Doedd dim cyhoeddi wedi digwydd yn y dyffryn ers dyddiau gweisg Dafydd Jones o Drefriw a'i fab, a'i ŵyr toreithiog – John Jones, Llanrwst. Roedd hwnnw'n arwr, yn gwneud ei bapur, ei inc a'i beiriannau ei hun gan gyhoeddi tua chant o lyfrau ar bob math o bynciau gyda'i wasg monoteip yn y 19eg ganrif. Y llyfr bro – rhwymedig – cyntaf oedd *Y Dyn a Wnaeth Argraff*, teyrnged Gerald Morgan i athrylith John Jones. Dilynwyd hwnnw gan lyfrau ar delynorion a seiri telyn Dyffryn Conwy, englynion beddau'r ardal, ysgrifau hanes bro gan Pernant a chasgliad o waith beirdd gwlad lleol: *Deg o'r Dyffryn*. Y Cyngor Llyfrau oedd bellach yn rhannu grantiau cyhoeddi a rhwng y taliadau hynny,

*Eryl P. ac Orig yn ystod y noson lansio gyntaf a drefnwyd gan y wasg –
cyhoeddi hunangofiant Orig ym Mhlas Maenan, Mehefin 1985*

gwerthiant arbennig o dda a rhagor o waith comisiwn am lyfrau cerdd, hanes a daearyddiaeth i Bwyllgor Addysg Gwynedd, roedd yr argraffwr yn prysur droi'n gyhoeddwr.

Pan oeddwn yn dechrau cyhoeddi, dwi'n cofio dal llyfr newydd yn fy nwylo a syllu ar y clawr am hydoedd dan wenu'n wirion – bron fel edrych ar wyneb babi. Mae'r wefr yno o hyd, ond ei bod yn diflannu'n gynt bellach a ninnau'n cyhoeddi rhyw un llyfr bob wythnos ac ar fin cyrraedd pymtheg cant o wahanol deitlau.

Buddsoddi mewn adeiladau

Ar ôl gaeaf caled '81-'82, roeddwn wedi cael llond bol ar fyw yn y tŷ yng nghefn siop Mam – roedd y peips dŵr wedi rhewi am bythefnos, roedd gwlith oer yn gorwedd ar gwilt uchaf y gwely erbyn y bore ac roedd Geraint Llanfair a Gareth Tywyn, y cyd-letywyr gwreiddiol oedd yn gweithio mewn banciau, yn gadael am swyddi eraill.

Drwy gysylltiadau'r clwb rygbi, cefais gynnig tŷ teras trillawr yn Stryd Watling gan Ianto. Roedd wedi gwneud llawer o waith adfer ac atgyweirio, ond heb bres i orffen y job ac roedd ei wraig bellach wedi colli diddordeb mewn symud yno i fyw. Setlwyd ar £14,000 gan roi blaendaliad fel bod y gwaith adeiladu'n cael ei gwblhau. Roeddwn yn symud yno fis Mai ac erbyn hynny roedd gen i gynlluniau gwahanol i lawr isaf yr adeilad.

Doedd teipio yn y cwt ddim yn bleserus iawn a doedd danfon y peiriannau IBM yn ôl ac ymlaen i fferm yn Nant-y-rhiw ddim yn gwneud lles i'r taclau bach trafferthus chwaith. Roedd llawr isaf 2 Stryd Watling yn arfer bod yn siop ac mi wnes gais cynllunio i'w throi'n ôl yn safle busnes gan fwriadu rhoi stiwdio gysodi yno. Bryd hynny, roedd Gwawr fy chwaer yn ysgrifenyddes yn y BBC ym Mangor ac wedi laru ar ei byd yno. Aeth i dreulio amser gyda Bedwyr, ein brawd arall oedd yn byw yn San Francisco ar y pryd ac yn rhedeg busnes trin gerddi yno. Gwirionodd ar y tywydd a'r bobl glên ac roedd hi'n ystyried ymfudo. Rhois gynnig ger bron – câi ddod i greu busnes gwasanaeth teipio yn y siop newydd yn Llanrwst, gwerthu offer swyddfa aballu a gwneud rhywfaint o waith teipio llyfrau i mi yn gyfnewid am gael llofft yn y fflat uwchben. Wedi peth cysidro, derbyniodd y cynnig a dyma sefydlu Bys a Bawd – lansio'r busnes yn Steddfod Abertawe '82 a'i agor fis Medi. Roedd Alwena bellach yn dod i lawr i'r stiwdio/siop newydd i deipio'r papurau bro, a phan symudodd hi i fyw, daeth Eirlys, teipydd profiadol a gwraig fferm o Wytherin, yno i gynnal breichiau'r ddau fusnes o Fedi 1986 ymlaen.

Roedd problemau'n pentyrru gyda'r hen gwt argraffu. Roedd y 'fali' yn y to yn gollwng nes bod y wal wrth y peiriant argraffu yn rhaeadr gwlyb gyda phob cawod. Gan ein bod yn cyhoeddi nifer o lyfrau bellach, roedd stoc wrth gefn y gwahanol deitlau yn tagu'r lle. Deuai mwy o staff achlysurol yno i weithio'n ôl y galw, dechreuodd Elfyn Ty'n Rhos ar Gynllun Hyfforddiant Ieuenctid fis Awst, ond roedd y cyfleusterau'n echrydus. Roedd y Rotaprint ar fin tynnu'i anadl olaf ond doedd gen i ddim lle i ddod â pheiriant newydd i mewn drwy'r drws. Gyda hynny, daeth rhybudd gan y Cyngor i adael y cwt erbyn Mawrth '83 gan eu bod am ei ddymchwel.

Gyda diffyg gweithdai parod yn y dyffryn, roeddwn i'n cadw llygad am hen adeiladau y gellid eu haddasu. Roedd gan y WDA gynllun adfer adeiladau segur yng nghefn gwlad ac roedd Dyffryn Conwy yn rhan o'r ardal grantiau, gyda chymorth o 50% i'w gael. Ar sbec, dyma fynd i weld Llannerch Goch, Capel Garmon – hen ficerdy nobol, gyda thai allan oedd yn cynnwys beudy, cwt llouau, coetshws, stabal a llofft – a lle i greu estyniad pwrpasol. Roedd 17 acer o dir ynghlwm wrth yr adeiladau ac roedd y cyfan i fynd ar ocsiwn ar y safle y Medi hwnnw.

Roedd dirwasgiad cyntaf Thatcher yn gwasgu bryd hynny ac ymgyrch losgi tai haf ar droed yng Nghymru. Tŷ haf i ffariar o sir Gaer oedd Llannerch Goch, ond roedd hwnnw wedi marw a'r teulu angen yr arian, nid yr eiddo. Dyma fynd â 'nghap yn fy llaw at Tom Banc eto – ac unwaith eto, dyma gael budd mawr o weld rheolwr oedd yn nabod ei ardal a'i gwsmeriaid ar waith. Ymddiriedodd ynof a dweud bod ffermwr wedi galw heibio'r swyddfa yn llygadu'r un lle.

Hyd y gwelai Tom doedd ganddo ddim ond diddordeb yn y tir gan mai fo oedd y tenant a doedd gen innau ddim ond diddordeb yn yr adeiladau. Awgrymodd ein bod yn dod i ddeall ein gilydd. Harri Maes y Garnedd oedd y tenant a daethom i gyd-ddealltwriaeth hapus – cytunwyd bod un yn cynnig yn yr ocsiwn ar ran y ddau ohonom. Prisiwyd y tŷ yn £45,000 a'r tir yn £20,000 gan Dewi Ocshwnïar a setlwyd ar rannu'r pris yn ôl y ganran honno os byddai lwc o'n plaid yn yr ocsiwn. Ffyrm o Gaer oedd yn gwerthu a thrawyd y lle i lawr i'n henwau ni am £57,000. Fûm i erioed mor nerfus ond roedd y gorfoledd o gael y lle yn rhoi pleser ar sawl lefel. Dyna dŷ haf yn ôl yn ein dwylo ni yn un peth – imperialaeth economaidd ydi tai haf estroniaid yng nghefn gwlad ac mae'n hen bryd rhoi grym yn nwylo pobl leol i'w hailfeddiannu nhw.

Dyna ddechrau ar gyfnod o adeiladu prysur a ymestynnodd dros nifer o flynyddoedd. Troi'r beudy a'r coetshws yn weithdai peiriannau, y cwt llouau yn stafell dywyll, a'r tŷ yn stordy a stiwdio gosod oedd y cam cyntaf. Yna codi estyniad i'r beudy a chreu swyddfa, stafell osod, stordy a lle torri papur.

Cefais fenthyg hen ficsar mawr dîsl gan Dewi Llawrynys; daeth Martin Cae Gwyn acw i agor rhych i'r beipen garthffosiaeth; bu Arthur ac Eryl yn gosod peips 'i'r teulu bach'; bu Gareth Garth y Pigau yn ffensio a weldio drws sleidio dur a daeth Arwyn i farcio sylfeini'r estyniad a sgwario'r corneli drwy ddefnyddio tri darn o bren yn null y pyramidwyr ers talwm – hyn i gyd, a llawer mwy, yn gymwynasau cyfeillion. Dewi Garmon oedd y crefftwr lleol fu'n concritio a thwtio'r to, ac erbyn Mawrth '83 roedd y wasg yn symud – mewn fflyd o wahanol drelars a lorïau benthyg – o'r stryd gefn yn Llanrwst i hen dai amaethyddol yng Nghapel Garmon. Manteisiais ar y cyfle i gael gwared ar y Rotaprint a buddsoddi mewn argraffydd Thomson Crown

Addasu'r beudy yn Llannerch Goch; Phil ar y bocs golau yn 'sbotio' negyddion a'r Thompson Crown Mark II newydd wedi'i lleoli ar lawr teils

fel newydd am £13,000, camera ail-law llawer uwch ei safon o'r Lolfa, penawdwr Takograff a gilotîn thrî-ffês a gwellodd diwyg y gwaith.

Dyma esgor ar gyfnod o goncritio bob yn ail â gosod tudalennau, codi gyrdars a thrawstiau ar y cyd â golygu, a hoelio to sinc law yn llaw â hel deunydd newydd i lyfrau. Mae eitemau fel 'olwyn berfa', 'coed o Beeston' a 'plastrwrs' yn ymddangos yn y llyfrau cyfrifon.

Gweithlu newydd, maes newydd

Anodd credu hynny heddiw, ond mi gostiodd cysodydd IBM ail-law y papur *Sulyn* dros £2,600 i mi yn 1984. Mi fuaswn wedi cael tri IMac heddiw am yr un pris a chyda can gwaith mwy o allu ynddynt i gysodi a dylunio. Ond mae pob busnes yn gaeth i'r hyn sydd ar gael ar y pryd ac yn y cyfnod hwnnw roedd cysodydd ychwanegol yn angenrheidiol, a dyna'r unig un oedd ar gael.

Wrth edrych ar batrwm y blynyddoedd, yr hyn oedd yn digwydd oedd fy mod i'n gwneud gwaith gweithiwr a hanner drwy'r amser a phan oedd hynny'n cynyddu i wneud gwaith dau weithiwr, mi allwn gyflogi person ychwanegol, yn ffyddiog bod digon o waith i gynnal swydd ychwanegol. Rhannai Eirlys ei hamser rhwng Bys a Bawd a'r swyddfa newydd yng Nghapel Garmon; dechreuodd Mair deipio rhai llyfrau adref ond pan ddechreuodd ei phlentyn olaf yn yr ysgol, daeth hithau i weithio yn y swyddfa a chyn hir roedd Marian yn llenwi bwlch arall yn y swyddfa. Mae Eirlys a Marian yn ddwy chwaer, a'r ddwy – a Mair yn byw yn ardal Bro Cernyw. Mi fu'r wasg yn lwcus iawn o gael gwasanaeth tîm o deipyddion mor brofiadol a chydwybodol oedd yn awyddus i ddychwelyd i swydd ar ôl cyfnod i fagu plant mân. Mae pawb yn gweithio oriau hyblyg i siwtio'u hunain erioed yn y wasg a rhwng nôl a danfon plant o'r ysgol y gweithiai'r genod – mae hynny'n bolisi hanfodol mewn cefn gwlad a pho fwyaf ystwyth yw oriau'r gwaith, mwyaf ymroddedig yw'r gweithlu yn fy mhrofiad i.

Ymunodd Phil ar yr ochr beiriannau a chafodd ei hyfforddi mewn gwaith stafell dywyll a pharatoi platiau. Cyn hir daeth Geraint, brawd Robin, atom i drin y rhwymwr a'r gilotîn – mae'r elfen deuluol wedi bod yn nodwedd o'r gweithlu. Erbyn hyn mae tri set o frodyr/chwiorydd yn

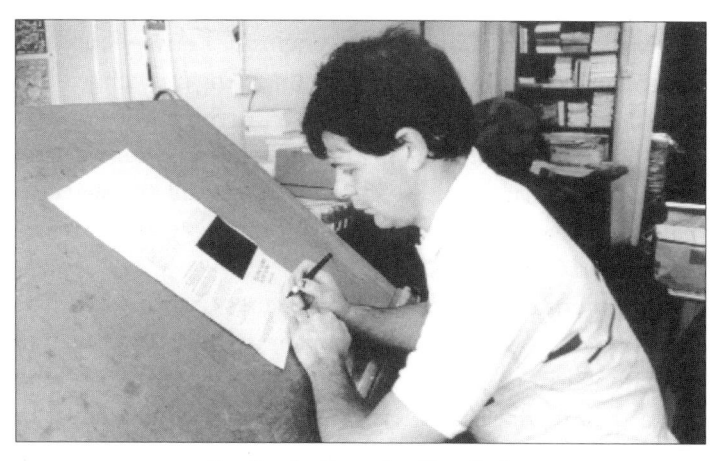

Cysodi a phastio ar y bwrdd cynllunio

gweithio yma a sawl mab/merch wedi treulio'u gwyliau yn gweithio yn y wasg.

Yn 1983, daeth *Llais Ogwan* atom i'w gysodi a misolyn CND Cymru i'w gysodi a'i argraffu, yn ogystal â'r *Faner Goch* yn achlysurol. Treuliwn lawer o f'amser ar y bwrdd cynllunio bellach yn pastio colofnau o deip a phenawdau, ond gyda mwy o lawiau ar y peiriannau, roeddwn innau yn medru cymryd ambell gam yn ôl ac ystyried cyfeiriadau newydd i ddatblygiad y busnes. Ar y dechrau, mae'n deg dweud mai gweithio i mi roedd y gweithlu a finnau'n falch o gael rhywrai i ysgafnhau baich y gwaith. Yn raddol, dwi'n meddwl bod pethau wedi troi fel mai fi sydd bellach yn gweithio iddyn nhw, yn chwilio am y gwaith a rhoi trefn arno.

Dydi hi byth yn ddoeth rhoi'r wyau i gyd mewn un fasged. Roedd tair ffon fara gan y wasg eisoes – y diwydiant papurau bro, cyhoeddi llyfrau Cymraeg ac argraffu cyffredinol. Yn 1984, dyma agor maes newydd sydd wedi tyfu i fod yn un eithriadol o ffyniannus – cyhoeddi llyfrau Saesneg yn fasnachol (h.y. heb grant) am hanes a threftadaeth Cymru.

Syniad Da

Mae Dyffryn Conwy – a phentref Betws-y-coed yn arbennig – yn bot mêl i ymwelwyr am ddeng mis y flwyddyn. Mi ddônt, edrych ar y dŵr a'r coed a phrynu taffi Cymreig i fynd adref. Ambell dro, mi gaent afael ar geidbwc lleol fyddai'n dyrchafu Edward a'i gestyll, yn sillafu Llywelyn Fawr yn 'Llewelyn' a rhoi dwy 't' yn Bettws – y llyfryn wedi'i argraffu yn Coventry neu Gernyw.

Mae gen i ddiddordeb mawr yn hanes Cymru – mae Mrs Ena Wynne fy mhrifathrawes babanod yn Llanrwst wastad yn f'atgoffa i mai *Ein Hen, Hen Hanes* gan Ambrose Bebb oedd fy hoff lyfr yn chwech oed a mod i'n swnian am stori Caradog ganddi byth a hefyd. Hanes oedd pwnc fy nhad yn Ysgol Dyffryn Conwy – a bu'n agos at daro rhyngddo a Rees Bach, Pennaeth yr Adran Hanes yn yr ysgol. Rees Bach eisiau i Dad roi hanes yr Empaiyr i'r ffrwd Gymraeg a 'Nhad yn bendant mai hanes Cymru ddylai ddod yn gyntaf, hanes Ewrop wedi hynny.

Fel teulu'n teithio Ewrop, roedd hanes a thraddodiadau pob gwlad unigol yr ymwelem â hi yn destun diddordeb inni yn blant. Ymfalchïa yn dy wlad dy hun ar bob cyfri, ond drws ydi hynny i ryfeddu a gweld gwerth yng nghyfoeth treftadaeth pob gwlad arall. Nid cenedlaetholdeb ond imperialaeth ydi wfftio ac ofni gwledydd tramor – ac er bod hynny'n gryf ymysg tabloids a chyfryngau Lloegr o hyd, roeddwn i'n ffyddiog bod carfan arall oedd yn ymweld â Chymru yn awyddus iawn i ddysgu mwy amdani fel gwlad, dysgu am arwyddocâd hanesyddol ei hardaloedd a gwybod mwy am yr iaith ddieithr sydd mor amlwg ar yr arwyddion ffyrdd erbyn hyn.

Cyhoeddwyd y llyfr Saesneg cyntaf yn 1984 – *The Conwy Valley and its long history* – y gyntaf o dros ugain o gyfrolau gan yr hanesydd o Lan Conwy, Michael Senior. Mae'n awdur ymchwilgar, yn sgwennu'n dda ac wedi peth trafod ar orgraff enwau Cymraeg, daethom i ddeall ein

Teithio a gwersylla yn Ewrop yn blant

Cyfres Llyfrau Ardal Llygad Gwalch – *mae'n rhaid i ni yng Nghymru fod yn fwy Ewropeaidd ein hagwedd at ieithoedd, gan wneud defnydd o fwy na dwy iaith hyd yn oed a dyna pam y cyhoeddwyd y llyfrynnau hyn mewn Almaeneg, Iseldireg a Ffrangeg yn ogystal, sef yr ymwelwyr Ewropeaidd mwyaf niferus yng Nghymru*

Syniad Da

gilydd yn dda. Bellach mae awduron yn derbyn ein hawdurdod ar iaith a hanes Cymru yn ddi-gwestiwn wrth inni olygu'r cyfrolau – dechreuwyd cyhoeddi llyfrynnau hanes lleol, yng nghyd-destun hanes Cymru gyfan, ac yna cyfresi o lyfrau cerdded *Walks with History*, llyfrau ar dreftadaeth ddiwydiannol, enwau lleoedd, cynnyrch a choginio a llên gwerin.

Ar ôl cyhoeddi'r gyfrol gyntaf yn 1984, treuliais dipyn o amser ar y ffordd yn hwrjo'r llyfr i siopau a chanolfannau ymwelwyr ledled y dyffryn. Llwyddiant mewn ambell le, siom dro arall – ond hen driciau'r wagan Coca-Cola yn dod yn ddefnyddiol unwaith eto. Dyma faes fyddai'n cryfhau'r wasg yn eithriadol yn y dyfodol – marchnata ei llyfrau ei hun.

Fûm i erioed yn un amyneddgar iawn wrth drin 'reps'. Mae hynny'n fai mi wn, gan fod llawer ohonynt yn wybodus yn eu maes ac yn ddigon parod i rannu syniadau. Roedd 'na un yn cyrraedd acw ac yn cwyno'i fyd bob tro – gormod o ardal ganddo i wneud tegwch â hi, y traffig yn drwm, y tywydd yn wael, y taclau yn y swyddfa ddim yn gwerthfawrogi pa mor bell oedd Bangor o'r Bermo, y targedau'n rhy uchel a'r gwerthiant yn rhy isel . . . Mae gan bawb ei broblemau mewn busnes a'r peth olaf mae cwsmeriaid ei angen ydi bod yn ddymp i lanast y rhai sy'n trio gwerthu rhywbeth iddyn nhw. Roedd un arall wedyn yn treulio amser yn darllen ei ffeil nodiadau yn y car cyn dod i mewn i'r gweithdy – cadwai gofnod o sgyrsiau'r gorffennol gan ddechrau lle darfu'r sgwrs flaenorol ac ymledu o'r fan honno. Mae siarad am rygbi a gwyliau a phlant yn braf iawn – ond nid ar draul clirio'r gwaith sydd o flaen rhywun. Eto, mi ddysgais ddau beth pwysig wrth fynd i geisio gwerthu fy llyfrau i siopau – peidio byth â chwyno 'myd, a pheidio mynd rownd sir Fôn i fynd i Nefyn.

Chwyldro newydd

Cafodd tramp, neu hanner tramp, bás gennym ar y lori Goca-Cola o Gricieth i Feddgelert un pnawn – fo a'i feic. Ei godi o yng Nghaffi Triffin, Cricieth wnaethom ni – roedd o yn y gegin yn cael paned a brechdan jam gan genod clên y caffi. Wyddai'r genod mo'i enw – 'Brechdan Jam' roeddan nhw'n ei alw gan ei fod o bob amser yn gofyn am un pan ddôi heibio'r gegin. Gwrthododd frechdan domato ganddyn nhw unwaith, 'am ei fod o wedi cael tynnu'i bendics ddwywaith yn barod ar gownt yr hen dacla hada bach 'na'!

Pan gyrhaeddon ni Feddgelert, roedd o'n mynnu talu i gydnabod y ffafr – lluchiodd ddarn 20c ar sêt y dreifar a gwrthodai'n lân â'i gymryd yn ôl. 'Mae'ch angan chi yn llawer mwy na f'un i,' meddai wrth woblo i ffwrdd ar ei deiars moel. 'A ph'run bynnag, mi fydda i'n iawn, welwch – mae'n ddiwrnod hel rhent arna i fory.'

Mae un peth arall ddwedodd o wrth basio cae o wartheg ar y Traeth Mawr wedi aros efo fi ar hyd y blynyddoedd hefyd. 'Cae efo saith deg o warthaig, ylwch. Leciwn i gael un rhan o saith deg o rheinia. Wn i ddim chwaith, mwya byd sgin ti – mwya byd sgin ti i'w golli.'

Wrth redeg busnes, mae'n rhaid i'r cyfrifon ddangos elw cyson, neu mi fydd sŵn yr hwch i'w chlywed yn y drws. Eto, mae peryg i rywun golli'i enaid wrth feddwl am ddim byd ond pres bob munud. Bob wythnos, ers dyddiau cyntaf un y wasg, mi fydda i'n cael hyd i amser i sgwennu. Rydw i'n un drwg am hel meddyliau ar deithiau hir yn y fan a dreifio gyda 'mhen dan y dashbord am rai eiliadau, yn tyrchu am bapur a beiro i daro chydig eiriau ar gof a chadw cyn iddyn nhw fynd yn angof. Llenyddiaeth lafar ydi 'mhleser mawr i – geiriau i ganeuon, cerddi i'w darllen neu eu datgan o lwyfan, sgriptiau a dramâu, caneuon a sgetsys radio a'r sioeau dychan

Syniad Da

Dalennau dyddiol y Babell Lên yn Eisteddfod Genedlaethol Dyffryn Conwy a'r Cyffiniau 1989 – y peiriant ffacs wnaeth hi'n bosib i argraffu'r rhain

Marian, Mair ac Eirlys yn trin y genhedlaeth gyntaf o gyfrifiaduron i gyrraedd y wasg

wythnosol fel 'Pupur a Halen' a 'Drwg yn y Caws' ers talwm a stwff 'llafar gwlad' y byddwn yn ei ddefnyddio mewn sgyrsiau a chyflwyniadau i wahanol gymdeithasau.

Mae'r deunydd yma yn ymddangos ymhell iawn oddi wrth y byd technolegol, peirianyddol oedd yn gyrru'r wasg bob dydd. Eto mi fedraf sgwennu englynion wrth i'r peiriannau droi a chyfansoddi cywyddau rhwng ateb galwadau ffôn wrth fy nesg. Mae cyd-ddibyniaeth gymhleth rhwng y llafar a'r llyfr – mae peryg colli'r naill heb y llall yn hanes y ddau fyd.

Er nad ydi rhywun yn mesur ei amser yn yr un modd, mae bod yn fardd yn swydd broffesiynol yng Nghymru o hyd ac mae gwerth y taliadau sy'n dod imi fel 'bardd' tua £10,000 yn flynyddol, rhwng gwaith sgwennu, ymweld ag ysgolion a chymdeithasau, breindaliadau a gwaith cyfryngau. Ond mae treulio amser yn sgwennu yn rhyddhau dyn o gaethiwed cloc a chyfrifon ac mae cael cyfnodau cyson o wneud hynny wedi bod yn awyr iach i fy rhaglen waith dros y blynyddoedd.

Ganol y 1980au, dechreuodd yr olwynion droi at gynnal y Steddfod yn Llanrwst yn 1989, ac er i ddigon o waith argraffu gyrraedd y peiriannau yn sgil yr ŵyl honno, roedd y gwaith a'r cyffro gwirfoddol yn codi'r ysbryd ac yn rhoi blas ar weithio hefyd. Roedd yr un peth yn wir am y gwaith o blygu *Yr Odyn* roeddwn wedi ymgymryd ag o yng nghwmni pwyllgor triw a hwyliog o 1985 ymlaen. Er mai gyda'r traddodiadol y mae'r wasg hon wedi'i chysylltu erioed am wn i – straeon ac arferion cefn gwlad; hen gymeriadau fel Seimon Cwm Cynllwyd, Richie Thomas a Robin Jac; straeon gwerin i blant ac ati – mae bodolaeth y wasg ynddi'i hun yn profi bod rhaid sicrhau defnyddio'r dechnoleg ddiweddaraf i wasanaethu ein diwylliant, waeth pa mor hen yw ei gwreiddiau.

Mae rhyw chwyldro newydd ar waith drwy'r amser ac

yng nghyfnod Steddfod Dyffryn Conwy a'r Cyffiniau, y peiriant ffacs oedd hebryngwr y chwyldro diweddaraf. Dyma declyn gwych i anfon proflenni at awdur neu ddatganiad i bapur newydd. Daeth asiantaeth y Bwrdd Dŵr oedd yn noddi'r Babell Lên atom cyn y Steddfod a holi oedd modd cynhyrchu taflen dwy ochr A4, bwletin dyddiol i'r Babell Lên. Roedd y wasg o fewn pedair milltir yr ochr iawn i Lanrwst i'r Maes – ond does dim Steddfod heb dagfa geir ac roedden ni'n bryderus pa awr o'r nos y derbyniem 'y stwff'. Daeth y peiriant ffacs i'r adwy – ar ôl yr ymryson dyddiol, câi'r cynnwys ei ffacsio o'r Maes i'r genod ei deipio; byddai Phil yn gosod a Robin yn argraffu ac roedd bwletin drannoeth yn barod cyn chwech y noson cynt.

Daeth y cyfrifiadur cyntaf i'r wasg yn niwedd yr wythdegau – bocs sgwâr bygythiol fel bwldog gyda sgrîn fechan dywyll a theip gwyrdd oedd y cyntaf i groesi'r trothwy. Cyn hir roedd y byd cysodi yn chwyldroi y tu hwnt i bob adnabyddiaeth – o fewn deng mlynedd i fod yn gosod llinellau gyda llythrennau plwm a dysgu gwyddor cês traddodiadol argraffydd, roedd rhaid dysgu a deall crombil rhaglenni cyfrifiaduron er mwyn addasu'r wyddor honno i ddefnyddio toeau bach ar 'w' ac 'y'. Bu'n ddringfa serth mewn cyfnod byr, daeth rhes o gyfrifiaduron disgiau fflopi i danseilio'r hen gysodwyr golffbol a chlamp o brosesydd teip £18,000 i losgi'r gwaith drwy gyfrwng laser ar bapur ffotograffig yn yr ystafell dywyll. Roedd y dechnoleg soffistigedig yn dechrau teimlo'n anghysurus mewn hen gwt lloeau – doedd dim lle i storio mwy o lyfrau ac roedd amgylchiadau'r adeilad rhwymo yn gyntefig. Roedd y wasg yn gwneud elw da ond roedd llawer o'r gwaith yn drafferthus ac yn ddibynnol ar fynd drwy fy nwylo i. Wnâi pethau ddim para heb weddnewidiad costus o ran offer a pheiriannau, mwy o ofod, penodi mwy o staff a gwell adnoddau a chysur i'r gweithwyr. Roedd hi'n daith unig i adael Capel Garmon,

12 Iard yr Orsaf, Llanrwst

ond er mor llawn oedd fy rhaglen waith a 'nyddiadur cymdeithasol – roedd yna wacter yn fy mywyd hefyd. O gael gwell trefn ar fy ngweithdy a'm horiau gwaith, a rhoi'r gorau i rai o'r ugain o swyddi oedd gen i ar wahanol bwyllgorau, byddai modd i minnau gynnig mwy i'r ddau fab, Carwyn a Llywarch, oedd bellach yn bedair a dwy oed.

'Wyt ti wedi meddwl am yr hen ffatri doji yn iard y steshon?' holodd Merfyn Jones yr adeiladydd o Lanrwst.

Ffatri ddeulawr, gyda 300 metr sgwâr ar bob llawr oedd honno. Roedd yn nwylo'r WDA ar ôl i'r gŵr 'doji' roeddan nhw wedi ei noddi ddenig i Sbaen gan adael lleng o ddyledion o'i ôl. Ei phris ar y farchnad oedd £140,000 ond roedd y WDA yn cael cathod rhag ofn i'r stori fynd ar led eu bod wedi rhoi grant helaeth i ŵr oedd yn gwneud teclynnau anghyfreithlon i drigolion de-ddwyrain Lloegr wylio sianelau pornograffig ar loerennau Llychlyn am ddim! Cynigiais £75,000 ac roedd y wasg yn symud i'w chartref newydd, yn ôl i'r hen dref, yn Ionawr 1994.

Esyllt wrth y ddesg yn golygu – mae'n dal i olygu llyfrau'r wasg, ond yn ei chartref yn y Gaiman, Patagonia erbyn hyn

Geraint yn trin y plygwr sy'n plygu'r gwaith argraffu yn unedau o 16 tudalen o lyfr

Lynwen yn y stafell osod

Trosglwyddo cyfrifoldebau

Fu gen i erioed swyddfa i mi fy hun ond roedd un ar gael bellach – roedd hyn yn rhywbeth diarth oherwydd roeddwn wedi bod yng nghanol popeth, yn ateb pob galwad ffôn ac o fewn cyrraedd pob un o'r staff drwy'r amser. Rhoddais fachyn ar y wal fel bod modd cadw'r drws ar agor drwy'r amser, a thorrwyd twll yn y wal rhwng fy nesg a swyddfa desgiau'r merched, fel ein bod o fewn clyw ein gilydd.

Am y tro cyntaf, roedd gennym system ffôn, cyfnewidfa ac estyniad ac ar y ffôn y byddwn yn cysylltu â'r gweithdy argraffu amlaf o hynny ymlaen. Cafodd Robin ei swyddfa ei hun a phan awgrymodd y buasai ef o hyn ymlaen yn delio gyda chynrychiolwyr y cwmnïau papur, cemegau ac inc yn lle fy ngalw i lawr bob tro roedd un yn galw, roedd hynny yn rhyddhad mawr – roedd y criw yna yn bwyta amser mewn diwrnod a Robin oedd yn gwybod pa ansawdd oedd orau am y pris. O ysgwyddo'r cyfrifoldeb, gwnaeth waith rhagorol yn delio efo'r gwahanol gwmnïau, yn eu gweithio'n galed er mwyn cael y prisiau gorau ac arbedodd filoedd o bunnau i'r wasg dros y blynyddoedd. Doedd gen i ddim yr amser na'r amynedd oedd ganddo ef a bu hwn yn gam cadarnhaol iawn ymlaen. Cyn hir, buddsoddodd y wasg mewn argraffydd A2, Roland Practica – gwnaeth wahaniaeth mawr i ansawdd ein gwaith lliw a haneru nifer y platiau wrth argraffu llyfrau A5.

Cafodd Phil offer newydd mewn stafell dywyll gynnes ac ef bellach oedd yn llwyr gyfrifol am yr ochr honno. Cafwyd gilotîn Polar 76EM ysblennydd i Geraint a phlygwr Brehmer otomatig yn lle'r hen blygwr llaw. Roedd Eilir Llanddoged yn rhan o'r tîm bellach – roedd digon o le iddo yntau i hel adrannau'r llyfrau a gweithio'r rhwymwr mewn stafell beiriannau eang a chlyd. Rhoddwyd lifft i mewn rhwng y llawr gwaelod â stordy helaeth ar y llawr cyntaf, ac am y tro cyntaf roedd modd cadw'r stoc lyfrau mewn ffordd hwylus.

Roedd desg bob un i Eirlys, Mair a Marian a chyn hir ymunodd Mererid â'r tîm gan fod cymaint o waith teipio bellach rhwng y papurau bro a'r holl gyhoeddiadau. Mi allaf nodi gyda balchder bod amryw o awduron wedi honni mai teipyddesau Carreg Gwalch ydi'r mwyaf cywir a chyflym yng Nghymru. Daeth arbenigwraig ar iechyd swyddfa heibio i roi cyngor ar ddefnyddio ffilters ar sgriniau'r cyfrifiaduron cynnar, uchder y gwaith teipio, yr allweddell a'r sgrin ac awgrymu ein bod yn cael bloc traed i bob teipydd a chyfle i bob un godi oddi wrth y ddesg bob hyn a hyn.

Doedd dim prinder swyddi i'w rhannu – cymerodd Eirlys ofal o'r archebion post i gyd, tanysgrifiadau *Llafar Gwlad*, datganiadau i'r wasg a'r parseli ar y cariwr; trosglwyddwyd y gwaith o gasglu archebion y Ganolfan Lyfrau a'r taflenni claddu i Mair; Marian sy'n gyfrifol am yr holl gytundebau awduron a'r breindaliadau a Mererid sy'n delio gydag e-byst, yn casglu gwybodaeth am bob llyfr, cywiro proflenni, cysoni cloriau a gosod yr holl fanylion ar Gwales.

Gyda hyn daeth lodes glên o Ddyffryn Dyfi i briodi â llanc o Nebo a galwodd heibio'r wasg i ofyn os oedd siawns am waith. Roedd Lynwen yn ddylunydd gyda'r Lolfa a bûm yn ffodus iawn o gael ei gwasanaeth a'i phrofiad – roedd gennym stafell braf, bwrpasol ar gyfer gosod teip bellach a dau fwrdd cynllunio. Rhannodd y gwaith roeddwn i wedi bod yn llwyr gyfrifol amdano i ddechrau arni ac ymhen rhai blynyddoedd ymunodd Eirian Gwernhywel â hi. Mae gan y ddwy ohonynt lygad artistig, gofal ac amynedd ac ymgymrodd y ddwy â'u cyfrifoldebau yn hynod o gydwybodol. Mi all teipio a gosod wneud stomp o unrhyw gyhoeddiad os nad oes sylw'n cael ei roi i'r manylion lleiaf.

Dri mis ar ôl symud i'r adeilad newydd, daeth Gwyneth

atom fel gweinyddwraig yn y dderbynfa. Roeddwn wedi sylwi ar ei gwaith mewn cymdeithas adeiladu yn y dre ac wedi clywed si bod y swyddfa ar fin symud i'r glannau. Rhoddais gynnig iddi a derbyniodd. O'r diwedd, roedd 'na obaith am fwy o drefn ar fy ffeiliau a'r llif o waith papur oedd yn gerrynt cyson drwy'r wasg.

Gwyneth oedd yn ateb pob ffôn a dim ond yn trosglwyddo'r rhai angenrheidiol i fy nesg innau. Hi oedd yn delio gyda'r post, mynd i'r banc, gwneud yr holl gyfrifon a hi oedd wyneb y wasg wrth ddelio gyda chwsmeriaid. Bu'n hynod o driw a chydwybodol ac o fewn ychydig wythnosau wyddwn i ddim sut ro'n i wedi rhedeg y wasg hebddi. Pan adawodd i ganolbwyntio ar waith adref ar y fferm a gwarchod yr wyrion, daeth Lowri â'i phrofiad o'r banc i lenwi'r bwlch a rheoli'r broses o drosglwyddo'r holl gyfrifon i system gyfrifiadurol.

Crëwyd un swydd newydd arall yn y wasg yn Ionawr

Gwyneth, y weinyddwraig gyntaf, ar ddiwrnod hyfforddi Menter a Busnes yn y wasg

Genod y teipio, y cysodi a'r cyfrifon yn 2010: (o'r chwith) Mair, Dwynwen, Mererid, Eirian, Lowri, Eirlys a Marian

Lynwen yn cysodi ar y Mac

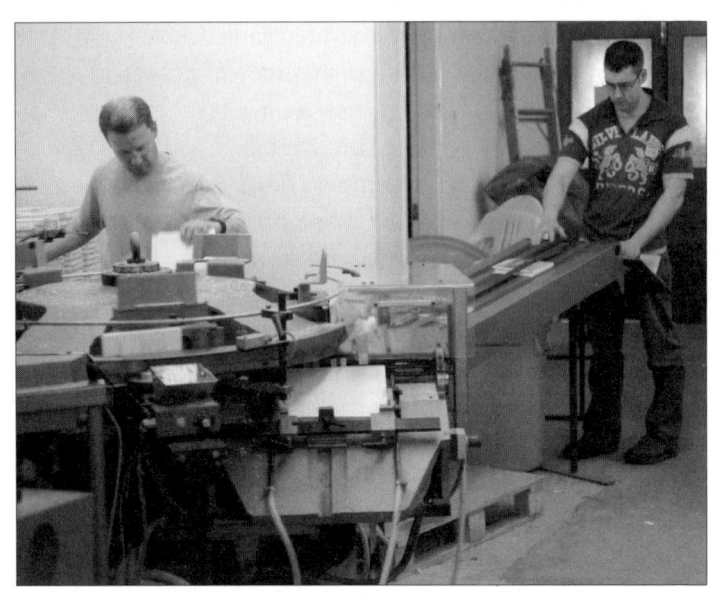

Geraint ac Eilir yn trin y rhwymwr llyfrau, Müller Martini

1994 – daeth Elena atom o'r *Cymro* i fod yn olygydd creadigol, yn gydgyfrifol am gywiro proflenni, creu rhaglen gyhoeddi a thrafod syniadau gydag awduron. Roedd yn rhannu swyddfa gyda mi a mwynheais y trin a'r trafod gyda hi a'r rhai a'i dilynodd – Esyllt (sydd bellach yn briod ac yn magu dau o feibion ym Mhatagonia, ond yn dal i wneud gwaith golygu i'r wasg drwy e-bost) a Heledd. Merched ardderchog bob un ohonyn nhw, yn fyrlymus, creadigol a brwd ac yn gwmnïaeth yn y gwaith.

Byddwn yn cael cwmni nifer o ddisgyblion Ysgol Dyffryn Conwy ar brofiad gwaith – ac o dro i dro, bydd rhai ohonynt yn dychwelyd i weithio dros eu gwyliau ysgol a'u gwyliau coleg yn ddiweddarach. Bu Buddug Llangernyw a Lisa Gwernhywel yn gaffaeliad gyda'r gwaith o hel archebion siopau, bu'r ddau frawd Eurig a Gwion, ac Eryl Capel Garmon a Gwion Schiavone yn asgwrn cefn i'r adran rwymo am flynyddoedd a bu rhai, fel Eilir Nebo a Rhodri Bryn Llin, yn dal i ddod acw er bod eu cyfnod fel myfyrwyr wedi dod i ben. Mae Eilir yn rhannu'i amser rhwng gwaith y fferm adref a gweithio gyda'r rhwymwr crwn newydd ac yn rhyfedd iawn mae tymhorau prysurdeb y ddau fusnes yn ffitio'n reit daclus i'w gilydd.

Roedd y wasg wedi ymestyn o fod yn hedyn bychan i fod yn fusnes yn cyflogi dwsin ac yn trafod miliwn o bunnoedd y flwyddyn rhwng 1980-1993. Eto roeddwn yn dal i'w rhedeg fel band un dyn, yn cadw'r rhan fwyaf o bethau yn fy mhen ac yn methu dod allan o'r rhych. Bu'r symudiad yn ôl i Lanrwst yn fodd o gywiro hynny, ac roedd rhannu'r cyfrifoldebau yn rhyddhau fy amser innau i ganolbwyntio ar ddatblygu rhaglen gyhoeddi'r dyfodol a chwilio am gyfeiriadau newydd i atgyfnerthu'r busnes. Nid oeddwn bellach yn anhepgor i lawer o waith o ddydd i ddydd y wasg; gallwn orffen yn gynnar i nôl y plant o'r ysgol a threulio'r penwythnosau gyda'r hogiau neu'n cerdded mynyddoedd. Byddem yn cael cyfarfodydd staff yn rheolaidd ar ôl symud a chododd llawer o syniadau da ynglŷn â gwella'r adeilad, yr adnoddau a'r ffordd o weithredu o'r rheiny. Mae gwell trefn ar y partïon Nadolig ers hynny hefyd!

Geraint a Heledd yn ysbryd y partïon

Y byd llyfrau Cymraeg

Un o gynlluniau Cyngor Llyfrau Cymru oedd noddi cyfran o swyddi golygyddion creadigol mewn gweisg yng Nghymru. Roedd yn gam angenrheidiol er mwyn gwella ansawdd llyfrau Cymraeg, cynyddu'r amrywiaeth a chael gwell trefn ar raglen gyhoeddi. Daw pob golygydd â diddordebau a chysylltiadau gwahanol gydag o ac mae hynny'n cyfoethogi'r dewis i'r cyhoedd.

Mae'r Cyngor Llyfrau yn cyflawni llawer mwy na bod yn ddolen rhwng gweisg Cymru a'r siopau, drwy gasglu a dosbarthu llyfrau. Tyfodd y corff gweinyddol hwn yn ystod oes Carreg Gwalch a gwelais holl elfennau'r diwydiant yn closio at ei gilydd – yn awduron, arlunwyr, golygyddion, cyhoeddwyr, marchnatwyr a siopwyr. Mae'r Cyngor yn fwy na chorff gweinyddol hefyd – dan arweiniad Gwerfyl Pierce Jones a chydag Elwyn Jones bellach wrth y llyw, mae'n awdurdod sydd wedi crisialu gweledigaeth i bawb sy'n ymhél â'r diwydiant cyhoeddi Cymraeg. Rhaid anelu at broffesiynoldeb ymhob agwedd a bwydo'r byd llyfrau â syniadau a chyffro newydd yn barhaus.

Does dim dwywaith fod y diwydiant llyfrau Cymraeg yn un o'r rhai mwyaf effeithiol a llewyrchus ymhlith ieithoedd lleiafrifol y byd. Gyda buddsoddiad eithriadol o fychan gan Lywodraeth y Cynulliad, mae gweisg a siopau annibynnol wedi mentro buddsoddi canran uchel ar ben hynny er mwyn gwneud i'r olwynion droi. Gan fod y busnesau hynny yn gorfod cael eu harian yn ôl, mae gwerthu'r llyfrau – yn hytrach na dim ond eu cynhyrchu ar gyfer silffoedd ysgolion neu lyfrgelloedd – yn elfen hanfodol o'r diwydiant. Rhaid i'r llyfrau apelio at y darllenwyr; rhaid creu marchnad iddynt; rhaid iddynt fod yn fforddiadwy ond eto greu elw. Mae sicrhau ansawdd yn bwysig, a gwneir hynny fwyfwy bellach drwy gomisiynu awduron ac arlunwyr i greu gweithwyr da sy'n llenwi bylchau, ond mae marchnata yn holl-bwysig.

Pan oedd Mam yn siopwraig, yr un oedd ei chwyn bob Steddfod a Nadolig – 'Ble ddiain mae'r llyfrau newydd?' Cyn dyddiau fan y Cyngor Llyfrau, byddai'r gweisg yn anfon parseli yn uniongyrchol i siopau ar fysus Crosville. Yn yr wythnosau cyn y Nadolig, byddwn yn cael fy anfon bob bore a phnawn i garej Crosville yn y dre i ofyn a oedd parseli i'r siop. Dim, weithiau. Tri dro arall. Mi fegais fysyls wrth gario parseli o lyfrau i fyny Glan-rhyd ac ar hyd cefnau Stryd Watling. Pan fyddai'n gyfnod toreithiog, byddwn yn cael mynd â hen bram i'w certio – dwi'n cofio'r Parch. W. E. Thomas, tad Dafydd Êl, yn fy stopio i gael sgwrs am y babis un tro ac yn dotio wrth dynnu'r cwrlid o weld mai eu henwau oedd 'Gomer' a 'Hughes a'i Fab'. Byddai dwylo cwsmeriaid yn cythru am y llyfrau wrth i'r bocsys gael eu hagor – roedd y Dolig wrth y drws. Mae Mam yn sôn o hyd am un o nofelau'r farchnad Nadolig yn cyrraedd y siop fis Ionawr – *Yn ôl i Leifior* gan Islwyn Ffowc Elis o bopeth! Yr un oedd y drefn bob ymweliad â'r Steddfod – pererindota o gwmpas stondinau'r gweisg ar y Maes a chario llwythi o lyfrau hwyr yn ôl i'r car ar gyfer y siop yn Llanrwst.

Os oedd un peth wedi'i ddrymio i 'mhen yn fy magwraeth, prydlondeb oedd hwnnw. Byddai Mam yn codi am chwech bob dydd er mwyn gorffen ei dyletswyddau adref ac agor y siop ar amser. Pan sgwennai 'Nhad *Gyfres y Llewod*, chwe theitl y flwyddyn, codai am hanner awr wedi pump i sgwennu pennod gyfan cyn brecwast ac yn ei throi hi wedyn i wneud diwrnod o waith yn yr ysgol. Gwnâi hynny am bythefnos gyfan nes byddai'r nofel wedi'i gorffen, yna'i rhoi i Mam i'w golygu a'i hail-sgwennu'n ddestlus a'i hanfon i'r Lolfa cyn y dedlein a osodwyd.

Yn y llinach honno, mae Carreg Gwalch erioed wedi gosod nod iddi'i hun i gyhoeddi'r rhan fwyaf o'i chyhoeddiadau Nadolig yn ystod Medi a Hydref, a'r cyfan cyn diwedd Tachwedd. Mae hyn wedi'i annog a'i gefnogi gan y Cyngor Llyfrau ac mae wedi gwneud byd o les i greu marchnad i lyfrau Cymraeg fel anrhegion Nadolig. O gael y cynnyrch i'r siopau mewn pryd, mae modd marchnata yn well – cyflwynwyd y syniad o atodiad papurau bro *Gwledd y Nadolig* a hysbysebion teledu i'r Cyngor Llyfrau, a chyn hir roedd y rheiny hefyd yn dwyn ffrwyth.

Yn bersonol, dydw i ddim wedi ystyried gweisg Cymraeg eraill fel bygythiad na chystadleuaeth i Carreg Gwalch. Erioed, rydw i wedi teimlo ein bod yn rhy brysur i ffraeo ac mae gormod o waith i'w wneud o hyd inni wastraffu amser yn cenfigennu at ein gilydd. Bûm yn rhannu syniadau a phrofiadau yn gyson gyda'r Lolfa, Gwasg Dwyfor a Gwasg Gwynedd, gan ymweld yn gyson â gweithdai'n gilydd a helpu'n gilydd drwy ambell boendod peirianyddol. Fel gyda llawer o bethau eraill yn ein diwydiant ni, sefyll gyda'n gilydd yn erbyn y byd mawr, unlliw Seisnig sy'n rhoi'r gobaith gorau inni.

Yn ystod Pasg 2003, aethom fel teulu am wyliau i Barcelona. Priodwyd Llio a finnau yn 1997 ac ers canol y nawdegau roedd gwyliau teuluol ar y Cyfandir yn rhan bwysig o galendr blynyddol y ddau ohonom ni a Carwyn a Llywarch – a Lleucu, Owain a Cynwal yn ddiweddarach. Mae mwynhau diwylliant gwahanol yn chwa o awyr iach – ond mae rhywun yn anorfod yn cymharu yr hyn a wêl gyda sefyllfa'r Gymraeg adref yng Nghymru ac nid wyf erioed wedi dychwelyd o dramor heb ryw hedyn o syniad fydd o gymorth i lenwi ein jig-so diwylliannol yn y fan hon. Tra oeddem yno, cawsom brofiad annisgwyl ar 'Ddiwrnod y Llyfr a'r Rhosyn' ar Ddydd 'San Jordi', diwrnod cenedlaethol Catalunya, sef 23ain Ebrill.

Yma y tarddodd y syniad o 'Ddiwrnod y Llyfr' gyntaf erioed – a hynny yn 1975 ar ôl marwolaeth Franco. Roedd y

Hysbyseb marchnata 'Diwrnod y Llyfr a'r Rhosyn' yn y papur dyddiol Barcelona – a'r bwrlwm ar y strydoedd ac yn y sgwariau

teyrn hwnnw wedi gwahardd y Gataluneg (a'r Fasgeg) rhag cael ei dysgu mewn ysgolion, rhag cael ei siarad hyd yn oed. Tyfodd dwy genhedlaeth o Gataluniaid heb fedru darllen eu hiaith ond wedi cael gwared ar y ffasgydd, roedd cyfle i ddiwylliant ac economi Catalunya ffynnu eto. Mynnent mai'r allwedd i ysbrydoli hynny oedd ail-orseddu'r iaith fel iaith i'w mwynhau ac iaith masnach. Ailddechreuwyd cyhoeddi yn y Gataluneg ac er mwyn eu marchnata, penodwyd 23ain Ebrill fel diwrnod i roi llyfr neu rosyn (eu blodyn cenedlaethol) yn anrheg. Y drefn a welsom yn Barcelona y diwrnod hwnnw oedd pawb yn mynd i'w waith ac i'r ysgol tan hanner dydd, yna teuluoedd cyfan yn crwydro rhwng stondinau llyfrau awyr agored Les Ramblas a phob Plazza yng nghanol y ddinas. Roedd y ddinas fel Steddfod anferth dim ond mai'r strydoedd oedd y Maes ac roedd teuluoedd yn cario llond sachau o lyfrau cyn diweddu'r dydd yn gwledda yn un o'r tai bwyta. Erbyn hyn mae wythfed ran o holl werthiant llyfrau blynyddol Barcelona yn digwydd ar yr un diwrnod hwnnw.

Mae gennym y Nadolig, y ddwy Steddfod a Gŵyl Dewi fel cerrig milltir ar galendr y byd cyhoeddi Cymraeg – ond teimlwn fod lle i achlysur fel yr ŵyl honno yn Barcelona. Daeth tua phymtheg o gyhoeddwyr Cymraeg ynghyd i greu Cwlwm Cyhoeddwyr Cymru gan gyfarfod i drafod a datblygu syniadau newydd i hybu byd llyfrau ac o hynny crëwyd Gŵyl Bedwen Lyfrau yn 2006, ac mae'n cael ei chynnal bob Calan Mai ers hynny. Gŵyl deithiol yw hon, yn hybu llyfrau newydd drwy lansiadau ond hefyd drwy gynnal sesiynau i blant a chyflwyniadau gan awduron. Galeri, Caernarfon oedd cartref y ddwy gyntaf ac ar ôl teithio i Grymych ac Aberystwyth, bydd yn ymweld â Llanrwst yn 2010 a Chaerdydd yn 2011.

Yn unol â gweledigaeth Barcelona, mae'r pwyslais ar fynd adref o Bedwen Lyfrau yn cario sachaid o lyfrau Cymraeg gwerth chweil fydd yn rhoi oriau o bleser i'r teulu.

Sefydlwyd Bedwen Lyfra fel gŵyl llyfrau Cymraeg bob Calan Mai

Llenwi'r Rhaglen

Daeth yn anodd cael golygydd llawn-amser i weithio yn y swyddfa o 2003 ymlaen a'm dewis oedd penodi rhai rhan-amser, yn gweithio o'u cartrefi, gan ddibynnu ar gyswllt e-bost yn bennaf. Roedd hynny yn caniatáu inni fanteisio ar brofiad helaeth Gordon i hybu ein rhaglen o gyhoeddiadau plant. Roeddwn eisoes yn gyfarwydd â gweithio gyda Gordon ers ei ddyddiau yn rheoli Clwb Sbondonics ac mae bob amser yn bleser cydweithio â rhywun mor frwdfrydig a deallus ynglŷn â'r hyn mae'n ei wneud.

Roedd llyfrau plant wedi bod yn rhan o weithgaredd y wasg o'r dechrau – bu'n bleser personol i mi gyhoeddi straeon Emrys Evans am Dafydd ap Siencyn yn nofelau a chomisiynu deg ohonynt i gyd yn ystod yr 1980au. Cynigiodd John Owen Huws adrodd straeon gwerin Cymru mewn arddull fywiog a dramatig a chyhoeddwyd tri dwsin o'r rheiny, a'u cyfieithu i'r Saesneg maes o law. Daeth Tecwyn y Tractor o feudy Margiad Roberts a'r lliwiau o stiwdio Carys Eurwen yn Llŷn gan swyno cenedlaethau o blant. Bu Tecwyn yn dipyn o eicon yn arbennig pan greodd Carys gerflun ohono ar gyfer y stondin Steddfod – sôn am ffraeo a strancio a gafwyd i benderfynu pwy oedd yn cael mynd ar ei gefn ac am ba hyd!

Wedi Steddfod Cwm Rhymni, am fy mod wedi cyfansoddi awdl am eni plentyn mae'n debyg, cefais wahoddiad i greu chwech o gerddi ar gyfer plant ar gyfer un o brosiectau CBAC. Doeddwn i erioed wedi ystyried y maes o'r blaen. Mae barddoniaeth a phlant yn cyffwrdd â'i gilydd mewn tair ffordd 'ddwedwn i – barddoniaeth am blant, sef cerddi i'w mwynhau gan oedolion; barddoniaeth i blant ei berfformio i oedolion yn bennaf, sef darnau adrodd eisteddfodol ac yn olaf, barddoniaeth i blant ei mwynhau.

Ychydig iawn o'r math olaf o gerddi oedd gennym yn y Gymraeg pan dderbyniais y comisiwn gan CBAC. Darllenais ugeiniau o lyfrau barddoniaeth Saesneg i blant a mwynhau dyfeisgarwch a ffraethineb beirdd fel Charles Causley, Kit Wright, Roger McGough, Michael Rosen a Brian Patten a'u tebyg. Doedd dim byd tebyg yn y Gymraeg. Dechreuais sgwennu ar y trywydd hwnnw – barddoniaeth swnllyd, chwareus yn ceisio edrych ar y byd o'u cwmpas drwy lygaid plentyn ac o safbwynt plentyn. Cefais wahoddiad gan Gordon, oedd yn gweithio i adran lyfrau plant y Cyngor Llyfrau ar y pryd, i olygu casgliad o gerddi i blant yn y gyfres Llyfrau Lloerig. Cysylltais â llawer o rai tebyg i mi, nad oedd erioed wedi sgwennu stwff i blant o'r blaen a'u hannog i feithrin yr un agwedd. Cyhoeddwyd *Briwsion yn y Clustiau* yn 1994 gyda chartwnau apelgar Siôn Morris yn ymestyn y dychymyg. Mae ugain yn y gyfres bellach a'r gwerthiant dros 60,000.

Esgorodd hyn ar gyfnod prysur o ymweld ag ysgolion, sgwrsio ac ysbrydoli plant, darllen cerddi a chynnal gweithdai – weithiau yn y dosbarth, weithiau mewn lleoliadau fel amgueddfa lechi, castell, eglwys, gardd, Nant Gwrtheyrn, Stadiwm y Mileniwm ac ati. Rhwng 1995-2000, byddwn mewn rhyw ysgol neu'i gilydd ym mhob cwr o Gymru o leiaf unwaith yr wythnos, gan fwynhau'r profiad yn arw a chael llawer o ddeunydd yr un pryd. Yr un oedd y stori gan athrawon a rhieni ym mhobman – 'Mae'n anhygoel, rydan ni'n annog y plant i fynd i nôl llyfr i'w ddarllen ac maen nhw'n dewis llyfr o farddoniaeth! Ac yn ei fwynhau o!' Nid yw'n annheg dweud bod agwedd oedolion at farddoniaeth plant wedi'i chwyldroi yn ystod yr ugain mlynedd diwethaf – a'r hyn sy'n eironig bellach yw mai darnau o'r llyfrau Cerddi Lloerig sy'n cael eu dewis ar gyfer eisteddfodau!

Yr hyn mae'r gyfres hon yn ei brofi yw mai drwy

Gweithdy barddoniaeth yn Ysgol Wdig, Sir Benfro

ddefnyddio'r Gymraeg yn fywiog ac yn heintus y mae denu plant at y Gymraeg. Clywais ddigon o dystiolaeth fod y cyfrolau barddoniaeth hyn yn apelio at ddysgwyr ifanc a rhai sy'n cael trafferth gyda'u darllen. Dyna brofodd y Tebot Piws, Edward H. a Gwibdaith Hen Frân – drwy roi dipyn o ddychymyg a sbarc yn yr iaith y mae'i phoblogeiddio hi. Dyna pam bod polisi Radio Cymru ers 1996 wedi mynd oddi ar y rêls yn llwyr – nid drwy roi lle i ganeuon Saesneg y mae denu dilynwyr at y Gymraeg.

Pan ddaeth Gordon i ymuno â'r staff, cawsom agor dorau i feysydd newydd ym myd cyhoeddi plant – gyda'i ddawn i gyfuno artist a thestun, aethom ati i greu cyfresi difyr a defnyddiol fel *Hwyl Gŵyl, Straeon Bywyd Cymru, Gwalch Balch, Straeon Cymru* a *Merched Cymru*. Clamp o orchest oedd cyhoeddi *Llyfr Mawr Wcw*, gyda rhan ohono yn llyfr digidol wedi'i bersonoli yn arbennig ac yn cynnwys llun y plentyn a gâi ei anrhegu. Pan fydd Gordon yn cydio mewn syniad, mi allaf ymddiried y cyfan iddo hyd yr atalnod llawn olaf yn y broliant ar y clawr.

Yn 2007, aeth Gordon a minnau i weld argraffdy Proost yng ngwlad Belg – un o'r argraffdai llyfrau lliw mwyaf yn Ewrop. Roedd peiriannau'n cael eu mesur yno fesul cilometr. Roeddwn wedi penderfynu ers rhai blynyddoedd

Criw'r wasg wrth ffarwelio ag Esyllt yn Awst 2000:
(rhes gefn) Heledd, Buddug, Mair, Eirian, Esyllt, Mererid, Marian, Eirlys, Myrddin
(rhes flaen) Eilir Llanddoged, Phil, Robin, Geraint

na fyddwn yn buddsoddi mewn rheng o beiriannau lliw – clywais fwy nag un stori am argraffwyr mewn cors o ddyledion yn gorfod gweithio shifftiau drwy'r nos am y nesa' peth i ddim er mwyn ad-dalu'r benthyciadau. Cyhoeddi a marchnata ydi fy niddordeb i, yn hytrach na chwilio am waith masnachol i fwydo anghenfil o argraffdy. Oherwydd hynny bu raid holi am brisiau masnachol i nifer o'n cyhoeddiadau wrth i'r rhaglen gyhoeddi fynd yn fwy uchelgeisiol – yn arbennig felly ym myd llyfrau plant. Cawsom wasanaeth da gan Proost am flynyddoedd a chwmnïau yn Malta a gwlad Pwyl, ond wrth i werth y bunt gwympo, mae'n braf medru rhannu gwaith yn nes adref – i Wasg Gomer, a'u gweithdy newydd, eu hadnoddau rhwymo clawr caled a'u gweithlu cartrefol yn bennaf.

Ochr yn ochr â'r cyhoeddiadau mwy anturus i blant, datblygodd y rhaglen oedolion o dan ddylanwad gwahanol olygyddion. Yng nghyfnod Angharad o Abertawe, cyhoeddwyd *Llyfr Adar Iolo*, clamp o waith oedd yn gofyn am holl ddoniau trylwyr Angharad a agorodd faes newydd o gyhoeddiadau natur deuluol inni. Erbyn hyn mae Lyn Ebenezer yn cyfrannu at ein rhaglen, a thrwy'i gysylltiadau a'i arbenigedd ef corlannwyd sawl cyfrol gan gymeriadau gyda straeon gwerth eu hadrodd.

Ymunodd Jen Llywelyn – dysgwraig sy'n fwy brwd dros y Gymraeg a phopeth Cymreig na'r rhan fwyaf o siaradwyr cynhenid – gyda'r tîm fel golygydd ein rhaglen gyhoeddi Saesneg. Bellach mae cyfran o seiadau golygyddol y wasg yn cael eu cynnal dros goffi yn Llety Parc gan fod tri o'r staff golygyddol yn yr ardal honno.

Er bod gwaith yr adran deipio wedi newid llawer dros y blynyddoedd, mae angen crefft ac arbenigedd yn y maes ar y wasg o hyd. Gyda chymaint o waith yn cyrraedd ar ddisg ac e-bost mae tuedd i bawb gredu ei fod yn deipydd proffesiynol bellach, ond y gwir yw bod angen fformatio a thacluso a chysoni llawer ar y testunau cyn eu bod yn barod i broflenni. Mae cyrsiau teipio yn brin ac rydym yn lwcus o gael Dwynwen, un o'r rhai olaf i ddilyn cwrs teipio yng Ngholeg Menai, i ymuno â'r tîm eleni. Mae nifer o'r merched profiadol yn dewis gweithio llai o ddyddiau bellach gan fod gwaith eu busnesau adref a gofal gwarchod yn llenwi'u hamser. Unwaith eto, rydym yn gweld gwerth bod yn hyblyg er mwyn cadw eu profiad a'u harbenigedd yn rhan-amser o leiaf.

Lansio cyfrol Lyn Ebenezer ar garchar y Gwyddelod yn y Fron-goch yn siop lyfrau Eason's, Dulyn yng nghwmni criw o'r wasg oedd yno ar drip rygbi. Cafodd y criw drafferth wrth ddosbarthu taflenni Fron-goch and the birth of the IRA *ar y fferi ar y ffordd draw – roedd protest fawr Unoliaethwyr y Gogledd yn Nulyn drannoeth a bu raid casglu'r ffleiars a'u tafle i aber afon Liffey!*

Troi'r llyfrau

Wedi symud i'r adeilad newydd yn Llanrwst, roeddwn yn medru rhoi mwy o sylw i farchnata llyfrau. Dydi llenwi stordy gyda chyhoeddiadau yn cyflawni dim.

Bu gennyf gysylltiad agos â siopau Cymraeg y gogledd erioed a dyma feithrin y berthynas honno gyda bwletinau rheolaidd, copïau o gloriau, blaenwybodaeth am ddyddiadau cyhoeddi a hel archebion ymlaen llaw. Byddwn i'n danfon pecynnau i'r siopau i ddechrau arni a does dim dwywaith bod hynny'n hwb i werthiant ac i sicrhau bod digon o gyflenwad o ôl-deitlau ar y silffoedd. Roedd yn gyfle hefyd i drafod y farchnad gyda siopwyr sy'n nabod eu cwsmeriaid a chlywed beth oedd yn gwerthu'n dda a beth oedd ei angen yn y dyfodol. Bu John Roberts, Y Ffôr yn parhau â'r gwaith am flynyddoedd, gan greu dolen bwysig rhwng y wasg a'r cownter gwerthu.

Erbyn 1999, roedd Llio a minnau a'r teulu wedi symud i fyw o Lanrug i Lwyndyrys ac wedi cael tai allan addawol yn y fargen. Addaswyd yr hen dai yn swyddfa, stiwdio a stordy. Roedd oes yr AppleMac wedi gwawrio bellach a chawsom flynyddoedd o wasanaeth gan Hefina, ac yna Siân, ill dwy'n hyddysg iawn ym myd cysodi a dylunio ar y Mac. Roedd y chwyldro digidol wedi gwawrio a defnyddiwn gamerâu digidol bellach i greu llyfrgell o luniau lliw at ddefnydd llyfrau treftadaeth a chloriau. Daeth gwell graen a mwy o amrywiaeth i'n cloriau a mwy o liw i'r cynnwys – roeddem yn gallu creu'r cyfan mewn stiwdio yng nghanol cefn gwlad, postio CD i stiwdio ffilm yng Nghaerdydd, a chael y cyfan yn barod i'r peiriannau argraffu yn Llanrwst drennydd.

Roeddem fel gwasg yn ceisio cael ein llyfrau Saesneg ar dreftadaeth Cymru i siopau a chanolfannau ymwelwyr hefyd. Roedd hwn yn dalcen caled mewn sawl lleoliad – mae

Addasu tai allan Ysgubor Plas, Llwyndyrys yn swyddfa, stiwdio a stordy yn 1999

gormod o lawer o'n diwydiant ymwelwyr dan reolaeth rhai na wyddan nhw'r nesa' peth i ddim am ein gwlad. Diffyg lle, dim awydd buddsoddi a blaenoriaeth i daffi oedd y bwganod mwya – a dyma geisio taclo'r diffyg diddordeb drwy brynu ugain o droellwyr llyfrau oedd yn medru arddangos 36 o deitlau ar arwynebedd maint cyfeiriadur ffôn agored ar lawr. Y telerau oedd troellwr gwerth £200 am ddim, hwnnw wedi'i stocio yn ddi-dâl a minnau'n galw bob hyn a hyn i gyfri stoc, anfonebu am y rhai a werthwyd ac ail-lenwi'r troellwyr.

Gwelodd y cynllun hwn gynnydd sylweddol yn y gwerthiant. Daeth yn amlwg y gallai hynny fod cymaint uwch o gael mwy o safleoedd ac arolygu'r stoc yn fwy cyson. Daeth Lona i ymuno â ni fel rheolwr gwerthiant yn 2004, ac mae hi bellach yn arolygu tua 150 o droellwyr – traean ohonynt dan ofal y Cyngor Llyfrau a'r gweddill yn cael eu gwasanaethu'n uniongyrchol ganddi hi. Mae'n creu stoc addas i gymeriad a natur pob lleoliad, yn cadw llygad ar y gwerthiant a chyfnewid teitlau newydd am y gwerthwyr salaf. Trawyd bargen â'r Cyngor Llyfrau mai eu cynrychiolwyr hwy fydd yr unig rai bellach i gyflenwi siopau llyfrau, ond ein bod ninnau'n parhau i wthio'r ffiniau a chreu

Syniad Da

cyfleoedd newydd i gyhoeddiadau am Gymru lle bynnag bo tyrfa yn ymgasglu. Rhwng popeth dyblodd ein gwerthiant llyfrau rhwng 2003 a 2009, ac erbyn hyn, drwy gyd-drefnu nosweithiau lansio y byddwn yn cael y budd o ddelio â'r siopau Cymraeg.

Collwyd lawer o siopau llyfrau annibynnol Saesneg eu hiaith yng Nghymru dros yr ugain mlynedd diwethaf a daeth archfarchnadoedd llyfrau'r stryd fawr i hawlio'r farchnad yn eu lle. Polisïau Seisnig sydd gan werthwyr y cwmnïau rheiny, gan wthio'r un stoc lyfrau yn Brighton a Bangor – mae gen i gywilydd cerdded i mewn iddyn nhw a gweld y diffyg llyfrau am Gymru mor amlwg. Mor wahanol yw hi yn Iwerddon a'r Alban lle rhoir blaenoriaeth i gyhoeddiadau am y gwledydd hynny. Dyfal donc ydi hi ac mae arwyddion bellach bod y cwmnïau hyn, a siopau CADW a'r Ymddiriedolaeth Genedlaethol hyd yn oed, yn sylweddoli o'r diwedd bod llyfrau Cymreig o ddiddordeb i ddarllenwyr ac ymwelwyr yng Nghymru.

Gan fanteisio ar lyfrgell newydd y wasg o luniau digidol, sefydlwyd teulu o deitlau dan label *Llygad Gwalch* – cyfres o arweinlyfrau lliwgar, 32 tudalen yn canolbwyntio ar drefi marchnad a'i dalgylchoedd yng ngogledd a gorllewin Cymru. Cyhoeddwyd fersiwn Cymraeg a Saesneg o bob un o'r rhain, gan gyflwyno hanes yr ardal yng nghyd-destun Cymru a chodi cwr y llen ar ddiwylliant nad yw'r 'teithiwr talog' yn ymwybodol ohono. Mentrwyd cyhoeddi fersiynau Ffrangeg, Almaeneg ac Iseldireg ar gyfer pump o'r ardaloedd hyn – ac mi fu trefnu'r cyfieithiadau a'r proflenni yn dipyn o sbort. Bellach gall ymwelwyr o Ewrop ymweld â rhai ardaloedd o Gymru a chael eu croesawu i fwynhau'r dreftadaeth yn eu hiaith eu hunain. Doedd y fenter hon ddim yn gynaliadwy – mi wyddem hynny o'r dechrau – a hyd yma methwyd â chael yr awdurdodau twristaidd yng Nghymru i weld gwerth mewn marchnata'n gwlad mewn ieithoedd Ewropeaidd. Ond yn bersonol, rwy'n llwyr gredu mai dyma'r ffordd ymlaen ac mae modd cyflawni hynny ar fuddsoddiad bychan erbyn hyn. Mae'n ffordd i ni yma yng Nghymru ddangos ein bod yn llai ynysig ac ofnus o ieithoedd eraill o'u cymharu â'r wlad honno tros Glawdd Offa.

Lona yn arolygu stoc un o droellwyr y wasg

Lona sy'n gweinyddu gwefan y wasg hefyd ac yn ei diweddaru gyda'r wybodaeth ddiweddaraf yn gyson. Trowyd hon yn siop ar-lein yn 2008 a bellach cawn archebion dyddiol, gan anfon pecynnau cyn belled ag America ac Awstralia – ond marchnad ychwanegol yw hon, nid un sy'n tanseilio siopau llyfrau. Mae'r we yn ffordd wych i gyrraedd marchnad arbenigol. Gwern a Pryderi Penfras, hogiau lleol o Lwyndyrys, a gyflwynodd ryfeddod y we a phwysigrwydd creu gwefan i mi yn gyntaf. Roedd y cyfan yn ddieithr iawn i mi ar ddiwedd yr ugeinfed ganrif ond mae'n dangos mor bwysig yw hi i wrando ar y to sy'n codi. Er bod y siop ar-lein wedi costio dros £3,000 inni, mae wedi tanseilio'r angen i greu catalog ac wedi arbed y swm hwnnw yn flynyddol inni. Daeth yr e-bost yn arf hanfodol i gysylltu'n gyflym ac i drosglwyddo gwybodaeth – daw y rhan fwyaf o luniau a 'llawysgrifau' awduron inni yn atodiadau e-byst bellach a byddwn yn PDFio proflenni digidol yn ôl iddynt hwythau, gan arbed dipyn ar groen yr hen blaned yma.

Y cam nesaf at gydio Llwyndyrys yn dynnach wrth

Lanrwst oedd prynu celfosodwr o Wasg Dwyfor yn Nhachwedd 2008 – mae hwnnw yn ein galluogi i 'osod' gwaith celf y tudalennau ar sgrîn a'i rhedeg yn syth i ffilm. Does dim angen rhedeg i bapur, pastio ar gardiau a chreu negydd mewn stafell dywyll bellach – na phostio ffeiliau i Gaerdydd. Mae ansawdd y teip yn llawer gwell a lluniau'n rhwyddach i'w dosbarthu drwy drwch y llyfr, yn hytrach na'u casglu'n adran ganolog gyda'i gilydd.

Mae'r chwyldro digidol yn parhau, ac mae'r cwmnïau rhyngwladol sy'n cynhyrchu rhaglenni a'u diweddaru yn llawn triciau ac yn ddiffaith eu gwasanaeth i gwsmeriaid. Â'n helpo os aiff byd masnach yn ei grynswth yn siopa ar-lein – byddwn yng nghrafangau gwerthwyr dienw a dienaid fydd yn godro pob teth i'w bwcedi eu hunain.

Mae rhai'n holi weithiau beth fydd hanes llyfrau yn y dyfodol. Rydw i eto i ganfod dyfais hwylusach i'w thrin a'i thrafod ymhob man ac ym mhob tywydd. Alla i ddim credu y byddai darllen PDFs ar sgrin yn eich llaw yn rhoi'r un cysur. Roeddwn yn Ysgol Crud y Werin, Aberdaron yn ddiweddar – dyma'r genhedlaeth sydd wedi hen arfer â gweld eu gwaith yn ymddangos ar wahanol wefannau ac sy'n Gwglwyr wrth reddf. Erbyn diwedd y sesiwn, roedd gennym gerdd ar y Bwrdd Gwyn.

'Dach chi am roi hon'na mewn llyfr rywdro?' gofynnodd un o'r plant.

'Ella gwna i – dwi'n hoff iawn ohoni.'

'IES!' gwaeddodd y plant ag un llais, dyrnu'r awyr, hai-ffaifs a gwenu fel giatiau. Mae llyfr yn golygu mwy iddyn nhw o hyd na slot ar y we.

Mi welais i un o'r plant ar gae rygbi Pwllheli bedwar niwrnod yn ddiweddarach.

'Myrddin ap Dafydd 'dach chi, yndê?'

'Ia.'

'Dach chi 'di rhoi'r gerdd 'na mewn llyfr eto?'

Tonnau

Un bore Sadwrn yn niwedd Tachwedd 2005, roeddwn ar y ffordd yn ôl o ffair grefftau gyda Lleucu pan ddechreuodd rhywbeth ferwi yn fy mhen. Erbyn cyrraedd adref, roedd y cyfan yn glir a dyma ddeud wrth Llio: 'Dwi wedi cael syniad'. Ochneidiodd hithau, 'O na, be rŵan?'

Y pnawn hwnnw, aeth y ddau ohonom i Bwllheli i olwg siopau oedd ar werth. Yr wythnos ganlynol, roeddem wedi taro bargen gyda Evan John a Rhiannon Hughes, siop baent Stryd Penlan. Cyn diwedd Rhagfyr, roeddem wedi'i phrynu ac roedd Euron a'i griw yn dechrau ar y gwaith ailadeiladu ac addasu yn Ionawr 2006.

Roedd brwydr atal datblygiad cychod modur yn Hafan Pwllheli newydd fod, gyda'r ochr iawn yn curo. Yn ystod honno, roedd y gymuned leol wedi pwysleisio bod rhaid i ddatblygiadau economaidd ychwanegu at werth twristiaeth ddiwylliannol ardal – canolfan llongau hwylio fu Pwllheli ers canrifoedd a byddai llond y môr o gychod pŵer a'r Hwrê Henris sy'n dod yn sgîl hynny yn difetha Llŷn am byth. Denu pobl yma i fwynhau ein pethau gorau ni drwy gydol y flwyddyn sydd eisiau – ac mae cerddwyr sydd â diddordeb mewn hanes, hwylwyr sy'n gwerthfawrogi treftadaeth y tonnau a dysgwyr sy'n dotio at un o ieithoedd hynaf Ewrop yn fwy o werth na phartïwyr cychod modur crand sy'n llygru'r glannau gyda'u holew a'u sŵn diflas am chwe wythnos bob haf.

Tua'r un pryd, roedd cynghorwyr sirol nid yn unig wedi rhoi caniatâd i glamp o archfarchnad yng nghanol Stryd Fawr y dre, ond wedi canmol yr horwth ar goedd. Y tro nesaf y clywch gynghorydd diniwed yn cyhoeddi y bydd hyn-a-hyn o swyddi yn cael eu creu gan siop fawr newydd, cofiwch fod pob archfarchnad ar gyfartaledd yn dwyn hanner cant o

Yr hen siop baent ym Mhwllheli, a'r gwaith adfer ar ei hanner

swyddi o siopau a busnesau annibynnol mewn perchnogaeth leol. Ond clywch y cynghorwyr taer eto: 'byddai presenoldeb cwmni rhyngwladol yn llesol', 'byddai cael archfarchnad debyg i'r rhai sydd i'w cael ym mhob tre fawr a dinas o fa'ma i Moscow yn denu siopwyr o bell'. Mwy o ddewis, meddan nhw – a'i gwneud hi yr un fath â phob tre ddiflas arall yn y byd. Ym Mhwllheli, roeddan nhw'n rhoi sicrwydd 100% na fyddai hon yn niweidio busnesau lleol. O fewn chydig wythnosau iddi agor, roedd wedi cael caniatâd cynllunio drwy ddrws cefn y Cynulliad i gynyddu'r siâr o nwyddau 'heb fod yn fwyd' roedd hi'n eu gwerthu o 10% i 35%. Unwaith mae blaidd felly wedi'i groesawu i farchnad leol, does dim modd ei atal nes y bydd wedi bwyta pob busnes fydd o fewn cyrraedd ei ddannedd. Lladd eu cystadleuwyr a llwgu eu cynhyrchwyr yw unig egwyddorion yr imperialwyr economaidd yma, ac maen nhw'n gwbl groes i bob egwyddor sydd gen i fel cenedlaetholwr.

Mae'n rhaid ymgyrchu i atal pethau weithiau. Mae yr un mor hanfodol adeiladu rhywbeth. Roedd prisiau tai yn lloerig yn Llŷn ar y pryd, a'r gŵyn gyffredinol oedd bod tai o gyrraedd pobl leol. Ffordd arall o edrych ar bethau oedd bod pob perchen-tŷ lleol wedi gweld gwerth ei eiddo yn dyblu mewn byr amser. Mae hynny yn rhoi grym benthyca i bob un ohonom ac mae modd defnyddio'r arian newydd hwn i wneud rhywbeth cadarnhaol. Mi allwn brynu dyfodol i'n plant yma, ac ymhen deng mlynedd mi fuasem yn chwerthin o weld mor fychan ydi swm yr ad-daliadau.

Ar y pryd, roedd Rhodri Bryn Llin, Ysbyty Ifan wedi gorffen ei gyfnod yn Adran Gelf, Coleg y Brifysgol, Aberystwyth ac wedi ymestyn ei 'waith gwyliau' yn y wasg yn Llanrwst yn amhenodol. Oherwydd ei gefndir celf, a chan ei fod yn fab i saer enwog o Sbyty, y syniad oedd creu oriel gelf ar thema'r môr dan yr enw 'Tonnau' ym Mhwllheli, cael Rhodri i weithio yno a'i hyfforddi i gynnig gwasanaeth fframio yn ogystal.

Fel cyhoeddwr, rydw i wedi cydweithio llawer gyda ffotograffwyr ac arlunwyr ar hyd y blynyddoedd ac roedd gen i lawer o gysylltiadau a diddordeb yn y maes. Bûm yn how-ymhél â ffotograffiaeth erioed ac ers y chwyldro digidol yn tynnu rhyw bum mil o luniau'r flwyddyn i lyfrgell y wasg. Mae gen i ddileit mawr mewn crefftwyr sy'n gweithio mewn cytiau bach yn yr ardd ac yn ceisio creu bywoliaeth drwy fod yn greadigol. Gwyddwn fod llawer o dalentau ifanc yng Nghymru – ond gwyddwn hefyd nad yw cyrsiau celf yn cynnig gwybodaeth na phrofiad ymarferol i'r talentau hynny droi eu doniau yn ffyn bara. Byddai oriel Llio a minnau yn cynnig llwyfan i dalentau ifanc, yn dod â chasgliad ehangach na dim ond golygfeydd lleol at ei gilydd ac yn creu – gobeithio – incwm i gadw'r talentau hynny o fewn ein gwlad.

Mae adeilad yr hen siop baent yn un difyr dros ben yng nghanol ardal dreftadaeth y dre. Mae'n ymestyn yn ôl ganllath o'r ffenest yn Stryd Penlan. Ar un adeg roedd yn stryd o dai – Stryd Wesla – gyda chapel yn y pen draw. Bu dau o'r tai yn ffatri wlân am gyfnod a phan oedden ni yn prynu'r safle, roedd busnes paent a gwydr wedi bod yno ers dros ganrif. Gam wrth gam, crëwyd mynedfa well ac oriel hirgul, gan adfer wyneb o gerrig ithfaen gyda chymorth

Llio yn oriel Tonnau, yn fuan ar ôl agor y drysau yn 2006

Aled, y saer maen. Daeth Buddug â'i phrofiad o redeg siop grefftau yno i helpu a rhoddodd Llio y gorau i'w gwaith gyda'r gwasanaethau cymdeithasol er mwyn rheoli'r cyfan.

Agorodd y drysau yn Awst 2006, gan ddenu cefnogaeth soled gan bobl yr ardal. Mae dau beth wedi'n synnu – cymaint o ymwelwyr o Gymru sy'n dod i Lŷn a chymaint o edmygedd o'n diwylliant lleol sydd gan ymwelwyr o'r tu allan i Gymru. Ychwanegwyd caffi a dau fflat, ac eleni cwblhawyd y prosiect drwy chwalu hen gytiau sinc y cefnydd a chael Glyn Bryn Mawr a'i griw i godi gweithdy a stordy pwrpasol, ffrâm ddur. Mae gan y gweithdy argraffydd gicleé a stiwdio sganio erbyn hyn, gan gynnig gwasanaeth cofnodi a chopïo i arlunwyr ac yn cynhyrchu argraffiadau cain, nifer cyfyngedig sy'n fodd pellach i'n cyflenwyr ychwanegu gwerth at eu gwaith. Mae'r gwaith hwn yn estyniad naturiol o waith stiwdio Gwasg Carreg Gwalch, ac mae'r wasg yn ei thro wedi mentro cyhoeddi llawer mwy o lyfrau celf ers sefydlu Tonnau, gydag argraffiadau clawr caled o luniau William Selwyn, Rob Piercy a Martin Turtle yn fuddsoddiadau trymion, ond yn werthwyr rhagorol.

Bob blwyddyn, mi fydd yn rhaid i Wasg Carreg Gwalch

Euron a'i griw yn addasu stafell y caffi yn 2006 a Buddug yn paratoi paned; yna codi'r gweithdy fframio yng nghefn Tonnau, 2009 lle mae Rhodri wrth ei waith erbyn hyn.

gael rhyw hanner cant o syniadau newydd ar gyfer ei raglen gyhoeddi amrywiol. Ers 1993-4, rydw i hefyd yn trio cael 'syniad' newydd ychwanegol bob tair blynedd. Mae rhai ohonyn nhw yn brosiectau go fawr sydd wedi golygu buddsoddi mewn safleoedd newydd, gwaith adeiladu a pheiriannau newydd. Mae syniadau eraill wedi agor meysydd newydd o gyhoeddi yn hanes y wasg ac wedi cynyddu'r nifer o ffyn sy'n cynnal y busnes. Fy nhrefn arferol ydi ymgolli yn y syniadau newydd hyn am gyfnod, eu codi ar eu traed a thaclo'r problemau ac yna eu hymddiried i ofal y staff. Mae hyn yn cadw fy niddordeb, yn creu'r cyffro angenrheidiol ynof i ac yn bodloni'r angen am y boddhad o weld bod rhyw syniad a ddaeth o dwn-i-ddim-ble yn medru gweithio.

Mi fydd tair blynedd arall ar ben yn fuan.

Y tri gŵr doeth o goleg Aber yn helpu yn yr adran rwymo dros y gwyliau: Carwyn, Llywarch a Dafydd

Byw Busnes

Gari Wyn

Sylw ar fusnes a bywyd, gyrfa a gwaith

BYW BUSNES
Gari Wyn
Sylw ar fusnes a bywyd, gyrfa a gwaith
200 tud; £7.50
Gwasg Carreg Gwalch

Busnes ar y Buarth

Gareth a Falmai Roberts
Llaeth y Llan 1985-2010

"Bob tro y bydd bygythiad yn dod drwy lidiart y fferm, bydd cyfle yn dod gydag o ..."

SYNIAD DA: y bobl, y busnes – a byw breuddwyd
BUSNES AR Y BUARTH
Gareth a Falmai Roberts, Llaeth y Llan 1985-2010
104 tud; £4.75
Gwasg Carreg Gwalch